創傷如何影響大腦與行為，以及我們能如何療癒自己

你發生過什麼事

What Happened to You ?

Conversations on Trauma, Resilience, and Healing

布魯斯・D・培理／歐普拉・溫芙蕾——著
Bruce D. Perry, M.D., Ph.D. and Oprah Winfrey

｜獻詞｜

布魯斯．D．培理：

獻給我的家人：芭芭拉、葛蘭特、傑伊、愛蜜莉、麥迪、

班吉、伊莉莎白、凱瑟琳、羅伯特以及艾蜜麗

緬懷

瑪莎．麥吉利斯．培理

歐普拉．溫芙蕾：

獻給我生命中所有相信自己折翼的女孩

我期許妳們不只是展翅翱翔，更要直上青天

目錄

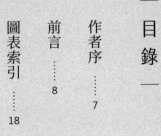

作者序

這本書獻給身邊有人曾經遭遇創傷的讀者，無論那個人是你的父親、母親、伴侶、孩子。如果你或所愛的人曾經被貼上以下的標籤，這本書也很適合你：「總是討好別人」、「自毀人生」、「搗蛋鬼」、「愛計較」、「心不在焉」、「動不動就換工作」、「不善於經營關係」。如果你只是單純想更瞭解自己和別人，這本書同樣很適合你。

我們知道閱讀這本書將帶來很多想法與感觸——有時候，那些感觸可能會很難過、很痛苦。書中有些內容相當強烈，甚至令人不適，可能會有些讀者覺得難以消化。也或許會有讀者不熟悉腦科學概念，一開始難以理解。請給予我們和你自己耐心與信心。

閱讀過程中倘若感到太過辛苦，就先停止。把書放下，休息一個小時或一個星期。等你感覺可以繼續閱讀時，書會在原處等候。當你準備好繼續探索為何人生遭遇會塑造一個人的想法、感受等等，歡迎你再回來。說不定你能夠找到一條前進的道路。

前言

「不准哭。」她會這樣警告。「最好給我安靜。」

我收起所有表情。我的心臟停止跳動。我用力咬住下唇，以免不小心發出聲音。

「我愛妳才會打妳。」她在我耳邊重複這句辯解。

小時候，我經常被「教訓」。在那個年代，照顧者以體罰的方式管束兒童是稀鬆平常的事，大家都覺得沒什麼不對。我外婆海蒂梅熱衷於這種教育方式，但早在三歲的時候，我就知道我所遭遇的事絕對是錯的。

記憶中最糟的一次體罰經驗，發生在星期天早上。在我們的生活中，上教堂是一件大事。出門參加禮拜之前，我奉命去屋後的水井汲水，因為外公外婆的農舍沒有室內管路。外婆透過窗戶看到我把手指放進水裡玩，她非常生氣。其實我不是故意搗蛋，只是在做白日夢，小孩都會這樣。她之所以生氣，是因為那是我們的飲用水，而我竟然把手放進去。後來，她問我是不是在玩水，我說「沒有」。她把我按倒，用力鞭打我，我挨打的地方都腫了。打完之後，我忍痛換上星期天上教堂專用的白色洋裝，血滲透出來，染紅筆挺的布料。看到衣服弄髒，她火冒三丈，責怪我把血弄到洋裝上，然後送我去主日學校。在美國南方的農業地帶，黑人小孩都是這樣長大的。我認識的人全部挨過鞭打。

雞毛蒜皮的小事也能招來一頓打。把水打翻、打破玻璃、太愛講話、太好動。我曾聽一位黑人喜劇演員說：「最長的一段路，就是挨打的時候自己去拿鞭子。」我不只得自己去拿鞭子，有時候如果剛好沒有鞭子，我還得自己去找一根來——細瘦的小樹枝最好用，但如果太細，我就要把兩、三根編在一起，這樣才夠力。外婆經常強迫我幫她編鞭子。有時候她不會立刻打我，而是存到星期六晚上，等我剛洗過澡還沒穿上衣服的時候一次打。

打完之後，我連站著都很勉強，她會叫我「不准擺臭臉」，命令我笑。把這件事埋藏起來，就像沒有發生過。

後來我發展出敏銳的直覺，能夠立刻察覺山雨欲來。我學會辨認外婆聲音的變化，以及特別的「眼神」，知道我惹她不高興了。她不是壞人，我相信她很關心我，希望我當個「好孩子」。我明白只有乖乖「閉嘴」或安靜，才能讓懲罰與疼痛快點過去。那之後的四十年，根植極深的創傷造成順從制約模式，影響了我所有的人際關係、互動模式，以及人生中的每個決定。

遭受體罰，然後又不准哭甚至被迫要笑，這樣的經歷造成長期的影響：我大半輩子都在拚命討好別人。假使我所受的教養不是那樣，或許也不必花上半生的時間，學習如何設定界限並且說「不」。

成年之後，我很慶幸能夠和許多人建立長期、穩定、充滿愛的關係。童年遭遇的體罰打罵、情感斷裂、關係破碎，這些經歷確實幫助我成為獨立自主的人。正如英國詩人威廉·歐內斯特·亨利（William Ernest Henley）那首勵志詩〈打不倒的勇者〉（Invictus）中震撼人心的句子：「我是自身靈魂的船長，自身命運的主宰。」

千百萬人有著與我相仿的童年經驗，他們長大之後相信自己的人生毫無價值。

與布魯斯・培理醫生的討論，以及數萬位受訪者參與「歐普拉秀」（Oprah Winfrey Show）並勇敢說出人生故事，讓我明白了一件事：那些原本應該照顧我的人卻那樣對待我，所造成的影響不僅僅只是情緒層面而已，也有生物方面的反應。透過與培理醫生的合作，我得以睜開眼睛看見一個事實：儘管我童年時曾經遭受虐待與創傷，但我的大腦找到各種適應的方式。

我們所有人的希望就在這裡——大腦神奇的獨特適應力。如同培理醫生在本書中的說明，理解心理壓力或早年創傷會引起大腦怎樣的反應，有助於看清過去發生的事如何塑造出我們現在的模樣與行為，為何做出我們所做的那些事。

透過這層濾鏡，我們可以重新建立對自我價值的感受，最終調整對環境、情況、關係的反應。換言之，這是一把鑰匙，幫助我們重新塑造自己的人生。

——**歐普拉・溫芙蕾**

一九八九年的一天上午，我坐在實驗室裡——芝加哥大學神經科學實驗室——看著最近一次實驗的結果報告，我的實驗助理探頭進我的辦公室。「歐普拉打電話找你。」

「是喔？這樣喔？請她留言。」我熬夜寫作；實驗報告簡直一團亂。我沒心情開玩笑。

他冷笑一下。「不是啦。真的。是哈潑製作公司打來的。」

再怎麼想，歐普拉也沒理由打電話找我。那時候的我是年輕的兒童精神科學家，致力於研究心理壓力與創傷對成長發展的影響。沒幾個人知道我的研究，精神醫學界的同仁大多不在乎神經科學或童年創傷。當時還沒有開始探討創傷對身心健康的重大影響。我以為是朋友惡作劇，但我還是接了那通電話。

「溫芙蕾女士即將於兩週後在華盛頓舉辦一場研討會，邀請國內兒童虐待相關領域的重要人士。我們希望您能出席。」

對方進一步說明之後，我發現許多名聲斐然、成就卓著的人士與機構將參加那次會議。我研究的領域是創傷對腦部發展的影響，在那些廣為接受的主流觀點中，恐怕只會遭到淹沒。我客氣婉拒。

幾週之後，我又接到他們的電話。「歐普拉邀請您前往她在印第安納州的農場度假一天。除了您與歐普拉之外，還有另外兩位嘉賓。我們希望集思廣益探討解決兒童虐待問題的方法。」

這次，因為有機會做出有意義的貢獻，我欣然接受。

那天最主要的發言人是安德魯・瓦克斯（Andrew Vachss），他是作家也是律師，專門處理兒童相關案件。他的工作極具開創力，點明追蹤虐童前科犯的重要性；在那個年代，虐童犯可以自由跨州移動，完全沒有辦法掌握他們的行蹤，也無從得知他們是否遵守禁止接觸兒童的禁令。一九八九年印第安納州那次會議的後續，即為一九九一年起草的國家兒童保護法（National Child Protection Act），建立全國虐童前科犯資料庫。一九九三年十二月二十日，經過兩年的努力，包括前往美國參議院司法委員會出席作證，「歐普拉法案」（Oprah Bill）終於簽署立法。

一九八九年的那一天，開啟了更多討論。有些是在「歐普拉秀」的現場，討論特定兒童的故事，並且推廣童年早期與腦部發展的重要性。不過，我們的談話主要是作為歐普拉女子領袖學院（Oprah Winfrey Leadership Academy for Girls，OWLAG）課程的一環，這所學校是歐普拉於二〇〇七年在南非建立的。這所傑出的教育機構挑選出身「弱勢」但資質優異的女孩，給予她們支持、教育、滋養。這座學校有一個很明確的目標，就是要培養未來領袖的核心。儘管許多學生曾經遭受各種不幸，包括貧窮、失去親人的創傷、社群與家庭暴力，但依然展現出堅強韌性與優秀學業表現。從學院草創時期，便針對本書中討論的許多概念展開行動；今天，歐普拉學院成為創傷理解、發展導向教育機構的典範。

二〇一八年，我和歐普拉共同錄製「六十分鐘」（60 Minutes）節目，探討「創傷知情照護」（Trauma-Informed Care）。雖然我們對談的內容最後只剪成兩分鐘片段，但數百萬人看到、聽到了這些內容，更給予創傷工作專業人士極大的鼓舞。但還有太多事情要說。

我們那次談話的熱忱，部分反映了歐普拉本身對這個議題的重視程度。在CBS頻道的「今日晨報」（This Morning）節目中，歐普拉對主播蓋兒．金（Gayle King）表示，只要能讓更多人注意到創傷對兒童腦部發展的重大影響，她甚至願意在桌子上跳舞。在CBS頻道為那集「六十分鐘」節目製作的後續訪問中，歐普拉說那是她人生中最重要的報導。

歐普拉的職業生涯一直在探討虐待、忽視與療癒。她致力於讓民眾瞭解創傷相關的議題，甚至成為節目的特色。數百萬人看歐普拉在節目中訪問曾經有過各種創傷經驗的人，以及相關專家，她聆聽他們的故事，和他們交心，給予安慰。她探索過創傷性失落、虐待、性侵、種族歧視、厭女心態、家庭暴力、社群暴力、性別與性向認同問題、非法監禁，以及其他種種創傷造成的衝擊，並透過節目幫助我們探究健康、治療、創傷後成長以及復原力。

二十五年來，「歐普拉秀」以深入省思的方式，觀察成長期負面經驗、挑戰、痛苦、壓力、創傷與復原力。一九八九年，她探討解離性身分疾患；一九九七年則是童年早期經驗對腦部發展的重要性；二〇〇五年，領養兒童權利；二〇〇九年，嚴重忽視所造成的影響；以及其他更多議題。可以說她的節目鋪了一條路，迎來對這些議題大規模、系統性的關注。節目最後一季中，有一集請來兩百位男性，包括演員泰勒·派瑞（Tyler Perry），揭露曾經遭受性侵的過去。從以前到現在，她一直為遭受困境與創傷的人們發聲，給他們引導，未來也將繼續下去。

三十多年來，我和歐普拉討論創傷、大腦、復原力、療癒，在許多方面，這本書集所有討論之大成。書中以對話和真實故事，展現其中暗藏的科學。

發展、大腦、創傷，關於這些議題的面向實在太多，不可能在一本書中講完，尤其是一本透過故事解說的書。這本書中使用的詞彙與概念闡述了成千上萬專業人員的努力，包括科學家、臨床醫生，以及許多領域的研究人員，從基因到流行病學到人類學。這本書適合任何人、所有人。

書名「你發生過什麼事」呈現出觀點的改變，強調過去如何塑造我們現在的功能。這句話源自於珊德拉・布魯姆博士（Dr. Sandra Bloom）的開創性工作團隊，他們開發出「避難所模式」（Sanctuary Model）。布魯姆博士寫道：

大約一九九一年左右，我們（避難所治療團隊）正在進行小組會議，討論我們的住院病人單位。自從我們針對創傷問題進行辨識與回應，尤其是現在被稱為「童年負面經驗」的那些狀況——我們治療的病人，問題大多源自於此——那之後發生了很多變化，我們努力想加以描述。兒童社工師喬・佛戴拉諾（Joe Foderaro）向來觀察犀利，他說：「不就是因為我們將最基本的疑問從『你有什麼毛病』改成『你發生過什麼事』？」

我和歐普拉認為，這個最基本的疑問「你發生過什麼事」，有助於幫助每個人更加瞭解經驗如何塑造我們——無論是好的經驗或不好的。我們希望藉由分享這些故事與科學概念，讓每位讀者能以各自的方式得到啟發，幫助所有人找到更好、更圓滿的人生。

——**布魯斯・培理**

圖表索引

Chapter 1

理解世界

要瞭解現在的你為什麼這樣，

「你發生過什麼事？」絕對是關鍵問題。

每年都有一億三千萬個嬰兒在這個世界上誕生。每個嬰兒出生的地方都有獨特的社會、經濟、文化環境。有些孩子一出生就得到充滿感恩與歡喜的迎接，喜上眉梢的父母和親人給予擁抱。其他孩子則像我一樣遭受排斥，年輕媽媽夢想著不同的人生，情侶不堪貧窮的壓力而分手，憤怒的父親造成持續不斷的虐待循環。

然而，無論是否得到愛，每個現在與過去的新生兒（也就是你和我）都擁有一個極為重要的特性。雖然每個人出生的環境各異，但我們來到世上時都擁有天生的完整感。我們展開人生時，不會懷疑：我夠好嗎？我配嗎？我值得嗎？有人會愛我嗎？

剛產生意識的嬰兒絕不會問：「我重要嗎？」他們的世界充滿驚奇。然而，當他們吸進第一口氣，這些小小人類開始努力理解四周的環境。誰負責養育、照顧他們？什麼能給他們安慰？太多、太多小嬰兒的人生從一開始便充滿艱辛，給予照顧的人突然暴怒，或者只是缺乏安撫的聲音、溫柔的撫觸。我們最初遇到的人，使得我們作為人類的經驗大相逕庭。

我的童年印象中，最深的感受就是寂寞。我父母只在一起一次，發生在密西西比州科西阿斯科市，距離我母親薇妮塔生長的農莊不遠的一棵橡樹下。我的父親佛農曾經說過，要不是他太好奇，想知道我媽媽的粉紅蓬蓬裙底下有什麼，我也不會出生。那唯一一次的結合之後，過了九個月，我出生了。從我能夠理解事情的那一刻，就知道自己是沒人想要的孩子。我父親甚至不知道我的存在，直到我母親寄給他一張宣告嬰兒出生的卡片，並且跟他要錢買嬰兒衣物。

在我外婆海蒂梅的家裡，小孩只能被看到，不能被聽到。我明確記得外公揮舞手杖趕我走——但我完全沒有他直接對我說話的記憶。外婆過世之後，我在父母之間被推來推去，我母親住在威斯康辛州的密爾瓦基市，父親住在田納西州的納許維爾市。因為我不認識他們兩個，所以很難在父母家扎下很深的根，也無法和他們產生太多感情。我母親在密爾瓦基北岸的福克斯角擔任女傭，週薪五十美元，盡她所能養育三名幼兒。她沒有時間和孩子培養感情。我總是盡可能不讓她煩心、不讓她擔心。我母親感覺很疏遠，冷漠對待女兒的需求。她所有的心力全部用在努力過日子、討生活。我總覺得自己是個包袱，是「多一張要餵的嘴」。我很少有感覺被愛的記憶。從有記憶以來，我就知道只能靠自己。

訪談過那麼多經歷創傷事件的受害者，我發現一件事：無論是虐待或忽視，兒童吸收這些痛苦的經驗之後，會開始產生渴望。一種深層的渴望開始緊緊抓住他們，想要感覺有人需要他們、肯定他們、重視他們。這些孩子長大之後普遍欠缺一種能力，不知道如何設下標準，決定自己值得怎樣的待遇。倘若沒有解決這樣的匱乏問題，接下來往往會陷入令人沮喪的複雜模式，自我破壞、暴力、性關係混亂、上癮。

這就是該著手的地方——清除那些早在我們還無法以言語述說遭遇時，就埋下的根。

培理醫生幫助我瞭解，那些強烈、恐怖或孤立的感官經驗，無論只持續幾秒鐘或是忍受好幾年，都可能會一直緊鎖在腦部深處。當我們的大腦持續發展，時時刻刻吸收新經驗，同時繼續理解周遭的世界，新的時刻全都建立在過去經歷的所有時刻上。

有句俗話說「橡子裡藏著一棵橡樹」，我一直認為這句話很有道理。透過與培理醫生的合作，我更明白了另一個道理：如果想瞭解橡樹，就必須回溯到那顆橡子。

——**歐普拉**

培理醫生：我記得剛開始合作的時候，歐普拉曾經問我：「你透過大腦的角度去看所有事。你隨時都想著大腦嗎？」簡短的答案是，差不多。我經常思考大腦。我學習神經科學，從大學時代就在研究大腦與壓力反應系統。我也是精神科醫生，我先學習神經科學，然後才進入精神科領域。我發現「大腦知識」的觀點有助於讓我瞭解人們。

身為兒童精神學家，經常有人問我為什麼兒童會做出令人困惑的行為。為什麼這個孩子表現得像個嬰兒？難道他無法表現出符合年齡該有的樣子？當媽媽的人怎麼會眼看男友打她的孩子，卻坐視不管？為什麼會有人虐待兒童？那個孩子有什麼毛病？媽媽和男友又有什麼毛病？

這些年來，我發現無論再不合理的行為，只要知道背後的成因，幾乎都有道理可循。因為大腦是讓人類思考、感受、行動的器官，因此，每當我想瞭解一個人，就會好奇他的大腦是怎樣的。他們為什麼做出那種事？是什麼原因導致那種行為？過去的遭遇影響了他們大腦運作的方式。

我第一次運用神經科學角度理解行為，是在很年輕的時候，當時我還在接受精神科訓練。我負責一位年長的病患，麥克．羅斯曼，他聰明、風趣、善良。麥克是韓戰退伍軍人，曾經目睹許多交戰場面。他表現出典型的創傷後壓力症候群（Post-Traumatic Stress Disorder，PTSD）病徵，關於這方面，我們之後會更深入討論。他深受各種症狀之苦：焦慮、睡眠障礙、憂鬱，突然閃現的回憶讓他覺得自己真的身在戰場。他不得不用酒精自我藥療（Self-Medicate），深受飲酒過量所苦。可想而知，酗酒問題造成職場與家庭衝突，最終導致離婚與強制退休。

那時，我們已經治療大約一年了，麥克成功控制酗酒衝動，表現相當好，但他的其他症狀依然持續。

有一天，他打電話給我，心情非常沮喪。「醫生，今天我可以去見你嗎？這件事很重要。莎莉也會一起去。」莎莉是退休教師，正在和麥克交往；之前診療時，他經常說不希望「搞砸這次的機會」。我察覺他十分焦急，於是答應了。

那天下午，他們來到我的診間，並肩坐在沙發上。他們牽著手。莎莉在他耳邊輕聲低語，而麥克一臉羞慚，看得出來她正在努力安撫他。他們感覺有如緊張的青少年。

他開口了。「醫生，可以跟她解釋一下創傷後壓力症候群嗎？你知道，我整個人亂七八糟。」他的眼睛湧出淚水。「我到底怎麼了？韓戰都過去三十年了。」莎莉抱住他。我感覺不知所措——我真的有辦法解釋創傷後壓力症候群嗎？——於是我先拖延時間。「我想問一下，麥克，為什麼現在來找我？發生了什麼事嗎？」

「昨天晚上我們出門，一起吃了美味的晚餐之後走路去電影院。突然間我趴在地上，躲在兩輛車子中間，雙手抱頭，非常驚恐。我以為有人對我們開槍。我大概糊塗了。過了一陣子，我領悟到只是有輛機車回火了，聲音很像開槍。我覺得很丟臉，感覺好像被嚇得魂飛魄散。我只想回家大醉一場。」

莎莉說：「前一分鐘我們還挽著手，下一秒他就回到韓戰的散兵坑裡，不停大叫。」她停頓一下。「感覺上好像持續了足足十分鐘，但我想實際上應該頂多只有兩分鐘。告訴我該如何幫助他。」她轉頭看麥克。「我不會拋棄你。」

「告訴她我有什麼毛病。」他懇求。

那時是一九八五年。創傷後壓力症候群的研究還處於起步階段，而我只是個二十九歲的菜鳥精神科醫生，還在受訓當中。我什麼都不懂。「那個，我恐怕沒有答案。」我說。「不過，我知道麥克並沒有想傷害妳的意思。」

「我自己也知道。」莎莉看我的眼神好像我是白癡——事實上我就是白癡。不過，雖然我沒有什麼臨床經驗，但我很瞭解大腦、記憶與壓力反應。我放下臨床醫師的角色，改以神經科學的角度思考麥克在街上急忙躲避的狀況。那輛機車回火的當下，他的腦部產生了什麼反應？我開始透過大腦的角度思考臨床問題。

「我認為一部分的原因應該在於，多年前，在韓國的時候，麥克的大腦適應了持續受威脅的狀態——他的身體與大腦變得太過敏感，世上任何與威脅有關的訊號都會引起過度反應。在戰場上，為了活命，他的大腦做出連結——基本上就是一種專門的記憶——槍響、射擊、必須啟動極端的求生反應，這三件事串連在一起。」我停頓一下。

「妳認為合理嗎？」

莎莉點頭。「他很容易受驚嚇。」

「麥克，之前你來診間的時候，只要有人用力關門或是走廊上推車經過時發出太大的聲響，我發現你就會全身一震。而且你總是隨時都在觀察狀況。只要有任何一點動作、聲音、光線的變化，就會引起你的注意。」

「要是不躲好，」麥克說，「就會沒命。要是夜裡不保持警覺，就會沒命。要是睡著，就會沒命。」他注視前方，沒有眨眼。沉默片刻之後，他嘆息。「我最討厭國慶日和跨年，煙火嚇得我魂都飛了。即使我知道會施放煙火，依然受到驚嚇——我的心臟好像快要從胸口跳出來了。之後一個星期我都沒辦法睡覺。」

「沒錯。原始的適應與保護記憶還在大腦裡，到現在都沒有消失。」

「可是他已經不需要了。」莎莉說。「現在這些反應反而害慘了他。難道不能學著解除嗎？」

「這是個好問題。」我說。「難處在於，這些與戰爭相關的記憶有些位在大腦中麥克無法以意志控制的地方。我稍微解釋一下。」

我拿出一張紙，畫了一個倒三角形，中間畫三條線分出四層。這是我第一次以這種方式呈現大腦。三十五年後，我們依然使用這種基本模型講解大腦、壓力與創傷。

「我們來看一下大腦的基本架構，就像四層蛋糕一樣。最頂端是皮質（Cortex），大腦中人類獨有的部分。」我在圖上寫下腦部各部分的功能，如下頁圖示。

我邊寫邊解釋：「最上層的系統負責口語表達與語言、思考、規畫；我們的價值觀與信念都存在這裡。對你而言最重要的，則是大腦的這個部分負責分辨時間。當皮質『上線』並活躍的時候，我們可以反省過去、展望未來。我們知道哪些事屬於過去，哪些屬於現在，對吧？」麥克和莎莉點頭。

「很好。現在來看大腦的最下層——腦幹（Brainstem）。大腦的這個部分控制比較不複雜的功能，主要作為調節的角色，例如調節體溫、呼吸、心跳等等。然而，下層沒有思考或分辨時間的系統。有時我們會將大腦的這個部分稱為爬蟲腦，想像一下蜥蜴能做什麼——牠們不太會規畫、思考；牠們大多活在當下並做出反應。但我們人類因為有上層腦，也就是皮質，因此我們可以發明、創造、規畫，以及分辨時間。」

｜圖 1｜

大腦模型

人類腦部的組織層級

大腦可以分為互相連結的四個區域：腦幹、間腦、邊緣系統、皮質。結構與功能複雜的程度由下往上逐漸增加，從比較簡單的腦幹區域往上到皮質。皮質調節人類最獨特的功能，諸如口語表達和語言、抽象思考，以及反省過去、展望未來。

我看看他們，確定他們有跟上，然後接著說下去。

「我們的感官輸入訊號——視覺、聽覺、觸覺、味覺——會先進入大腦比較下層的部位。我們的感官輸入不會直接進入皮質，所有感官首先都會連結到大腦下層部位。」

他們點頭。

「訊號一旦進入腦幹——」我指著倒三角形底部，「——便會加以處理。基本上，腦幹會將輸入的訊號和之前儲存的經驗做比較。以你的狀況而言，腦幹的處理過程將機車回火的聲音與槍響產生連結——記得我剛才說的戰爭相關記憶嗎？因為腦幹無法分辨時間，也不知道已經過去很多年了，因此啟動了壓力反應，所以你才會做出全面性的威脅反應。你的感受與行動都彷彿遭受攻擊。你的腦幹無法說：『喂，別激動，韓戰已經過去三十年了。那個聲音只是機車回火罷了。』」

我看著他們消化這個概念。「現在，訊號終於抵達皮質，皮質可以分辨出真正發生的狀況。然而，當壓力反應啟動時，會發生的第一件事就是大腦上層系統遭到關閉，包括我們判斷時間的能力。雖然關於機車的資訊最終依然會抵達皮質，但是要花一段時間。而在那之前，你回到韓戰的戰場上並且感到混亂。你應該花了一整夜的時間才冷靜下來吧？」

「我完全睡不著。」麥克雖然疲憊，但似乎鬆了一口氣。「也就是說，我沒有發瘋？」

「沒有。考量到你經歷過的遭遇，你的大腦只是在做它應該做的事而已。只是過去的良好適應，現在變成了適應不良。在戰場上讓你存活的機制，回國之後卻讓你痛苦得要死。我們必須設法調整你的壓力反應系統，降低強度和敏感度。」

當然啦，麥克的故事並沒有就此結束，不過，能夠瞭解他令人困惑的行為「深層」的因素，帶給他和莎莉很大的安慰。對我而言則是新的開端，從此我更加積極將神經科學融入臨床治療。這個故事呈現出「誘發條件」——基本上也就是任何感官輸入，例如視覺、聽覺、嗅覺、味覺、觸覺——可以喚醒創傷記憶。在麥克的案例中，機車回火誘發了戰場上的複合記憶。我和歐普拉最初開始討論創傷時，這就是我分享的第一個故事。

歐普拉：聽完羅斯曼先生的故事，我最先注意到他覺得自己有缺陷；他甚至問了「我有什麼毛病？」但你把重點放在「我發生過什麼事？」而不是「我有什麼毛病？」——這就是我們想協助其他人改變的想法。

他的故事也讓我真正明白，你所說的大腦組織的「順序」是什麼意思。

培理醫生：所有經驗的處理程序都是由下而上，也就是說，為了往上傳遞到大腦上層「聰明」的部位，我們必須先經過下層不太聰明的部分。這樣的順序代表感官輸入的資訊，會先由最原始、反應最快的部分先行解讀、行動。簡單地說：**我們大腦的組織方式是先產生行動與感受，然後才思考。**而這也是我們大腦發展的方式：由下而上。發育中的嬰兒只會**行動、感受**，這些行為與感受再協助架構出他們將會如何開始**思考**。

歐普拉：多年來，你一直告訴我，最早期的經驗影響力最大，因為那是大腦迅速發展的時候。

培理醫生：「你發生過什麼事？」不只是理解一個人的關鍵問題，也是理解大腦的關鍵問題。換言之，你的個人歷史——你生命中的人與地——會影響你的腦部發展。因為我們每個人都有獨特的大腦，也因此我們觀察、理解世界的方式也各自不同。

羅斯曼先生的例子，關係到他在二十四歲時經歷的創傷。既然那樣的經歷能夠改變二十四歲成人的腦部，想像一下創傷會對嬰兒或幼兒造成怎樣的衝擊，影響會有多廣。

從在子宮裡的時候，發展中的大腦便開始儲存部分的人生經歷。許多因素都會影響胎兒腦部發展，包括母親的心理壓力，藥物、酒精、尼古丁的攝取，飲食以及活動模式。人生最初的那九個月中，發展的速度可謂爆炸性，有時甚至會達到一秒「誕生」兩萬個新的神經元（作為比較，成年人即使在狀況好的時候，一天也只能製造出七百個新的神經元）。新生兒誕生時擁有八百六十億個神經元，這些神經元將繼續成長、連結，製造出複雜的網路，讓新生兒能夠開始理解世界。這個過程極為複雜，而且研究人員至今仍無法完全瞭解，不過，在討論神經元發展與創傷的關連時，掌握幾個基本原則很有幫助。

我們的外在感受——視覺、聽覺、嗅覺、味覺、觸覺——監控身體外在發生的狀況。為了達成任務，必須依賴感覺器官——眼睛、耳朵、鼻子、皮膚。當這些器官受到光線、聲音、氣味、觸碰的刺激，專屬的神經元就會傳送訊號給大腦。

我們也有另一套感覺系統，可以告訴我們身體內部的狀況。這套系統稱為「內感受」（Interoception），舉例來說，這套系統創造的感覺包括渴、餓、呼吸困難。所有從外在世界與內在世界接受到的感覺，都持續回饋給大腦，藉此啟動應對的系統，讓我們保持健康、安全。我們渴了會去找水喝，餓了會去找食物吃，察覺危險時則會啟動壓力反應系統。

大腦將所有感官輸入的訊號加以分類，並且沿著「倒三角形」往上傳送到其他部位，進行進一步的統合與處理。任何經驗透過這個過程，都會創造出越來越豐富、細膩的版本，因為不同的輸入會根據分類的方式產生連結。舉個例子，大腦將一些視覺輸入訊號傳入一個區域，而在同一時刻輸入的聽覺（聲音）、觸覺（觸碰）、嗅覺（氣味）訊號也進入同樣的區域。這些不同的感受——同一次經驗的畫面、聲音、氣味、動作——便會互相連結。這就是理解世界的起點。

隨著大腦開始創造的複合記憶，除了儲存這些連結，也創造出你個人的經驗分類方式。成長的過程中，我們所有人都努力理解周遭發生的事。那個聲音代表什麼意思？有人揉揉我的背，那代表什麼意思？他臉上的表情是什麼意思？當這個畫面出現時，同時會發生什麼事？

對一個孩子而言，視線接觸可能代表「我在乎你；我想瞭解你」，對另一個孩子而言則是「我要罵人了」。人生早期的每一個時刻，我們發展中的大腦會將個人經驗分類、儲存，製造出個人專屬的「解碼手冊」，幫助我們解讀世界。我們的人生經驗塑造出每個人獨特的世界觀。

想像一下，新生兒感受的世界在瞬間發生多大的變化。世界原本是溫暖、有節奏、黑暗的地方，在出生的瞬間全盤改變，大量的感覺來到，畫面、聲音、溫度變化、空氣接觸。大腦受到全新模式的感官輸入轟炸。在嬰兒時期，世界有太多新的事物，因此在這個階段，大腦製造新連結的速度最快、最活躍。人生第一年的經歷，對塑造大腦組織的影響非常巨大。

歐普拉：從你的研究中我學到許多，而其中最重要的，就是幼兒吸收的東西比我們想像中多很多。年紀越小，對於情緒氛圍越敏感。大家都以為在幼兒面前罵髒話也沒關係，他們相信在幼兒面前行使暴力也無所謂。在好幾百集的節目中，我聽到孩子的媽媽說：「唉，等他長大，我就會離開家暴的男人。」——她們認為孩子還小不會懂，但事實完全相反。

培理醫生：沒錯，確實完全相反。年紀越小的孩子越依賴照顧者——父母和其他成人——幫忙解讀這個世界。可以說，幼兒是透過這些成年人的濾鏡看世界。

雖然幼童可能不懂語言，但他們能夠感受到溝通中非語言的部分，例如語氣。他們會感受到憤怒話語中的張力與惡意、憂鬱話語中的疲憊與絕望。因為人生第一年大腦發展的速度非常快，創造出成千上萬的聯想以解釋世界運作的方式，這些早期的經歷對嬰幼兒的衝擊更大。

舉例來說，如果父親會家暴，那麼，兒童的大腦就會開始將男人與威脅、憤怒、恐懼產生連結。這樣的世界觀會逐漸根植——男人很可怕，是威脅，他們會傷害你和你所愛的人。如果這樣的世界觀根深蒂固之後，想像一下，當你遇上一位男性教師或教練會發生什麼事；想像一下，當你母親的人生中出現一個身心健全、不會施暴的新男性，又會發生什麼事。

歐普拉：當你還沒有發展出語言，也沒有能力辨識看到的事情或心中的感覺，只能靠感應到的氣場做出反應。而家裡的氣場……這樣真的很糟。

培理醫生：妳所說的氣場，也就是環境中的情緒基調。

歐普拉：是的，我相信每個環境都有基調。走進陌生人家中時，就算語言不通，也絕對能感受到這個家裡的人有沒有得到愛。同樣地，如果有什麼不對勁，也能感受得出來。或許無法得知到底有什麼問題，但感覺就是不對。

培理醫生：同樣地，走進一家幼兒園的時候，我們也會說：「哇，這裡的環境真好。」我們可以感受到氣氛，也就是情緒基調。而即使在同一家幼兒園，走進另一間教室，可能就會覺得：「呃，這裡是怎麼了？」這種感受很強。大腦的這個部分，對非語言的人際關係線索非常、非常敏感。偏偏我們的社會太不重視人類運作方式中的這個面向；我們的社會太依賴語言——文字和語言的確非常重要——但其實，大部分的溝通都是非語言的。

歐普拉：你曾經說過，人生最初那兩年，也就是從出生到兩歲，還沒有發展出解釋事件的能力，相較於能夠以語言說明的年紀，如果在這個階段經歷創傷，那麼，對腦部造成的影響會更大。

我不禁想到那些還不會說話，就遭到猥褻的孩子，他們無法以語言消化發生的事。那樣的遭遇緊鎖在孩子的腦中，如果他們能夠以語言表達出發生了什麼事，或許就不會這樣。

培理醫生：妳剛才所描述的是一種記憶的型態。我們再回到我為羅斯曼先生畫的倒三角形。

人體中的每個生物系統都會以某種方式改變，以反應所遭受的經驗；那麼，我們也可以說，那樣的變化就是在記錄過去的經歷——或者說，基本上，也就是記憶。神經元對經驗極度敏感，腦中每個部分的神經元網路都可以製造記憶。記住姓名、電話號碼、鑰匙放在哪裡，這些是皮質神經系統的功能。但我們也有情緒記憶：歌曲可以激起情感、多年前的經歷所產生的聯想；烤火雞或剛出爐的麵包可能會激起歸屬感，或是對消逝過往的懷念。這些感受來自儲存於邊緣系統和其他腦部區域神經網路中的聯想。而腦部更下層的部位，則儲存了運動區與前庭系統的記憶——以胎兒姿勢蜷起身體，基本上就是一種回憶的動作。但創傷經驗創造出的複合記憶路徑，會涉及大腦的全部區域。

我們之前提到過，大腦的發展是照順序進行的，從下往上，由內而外，從腦幹的基本功能到皮質的複雜成就。大腦的每個區域都有能力製造回憶——改變對經驗的反應，並且將那些改變儲存於專屬的神經網路中。

幼童的皮質還沒有完成發展；三歲以下兒童的神經網路還不夠成熟，無法製造所謂的線性敘事回憶（也就是人、事、時、地、物的記憶）。然而，大腦較下層的部位，其他神經網路已經開始處理最早期的經驗——並且隨之產生變化。那些下層網路創造聯想，或記憶，因此會對非常年幼時期的創傷記憶儲存方式，造成極大的影響。

倘若兒童遭到虐待，他們的腦會將施虐者的特徵或受虐時的環境（例如髮色、語氣、背景的音樂）與恐懼產生聯想。這種複雜又困惑的聯想，對行為造成的影響將持續多年。例如說，受虐的孩子長大之後，在餐廳裡遇到一個棕髮的男性在他身邊走動、點餐，光是這樣就可能引起恐慌發作。然而，因為缺乏確切深植的認知回憶——沒有線性敘事回憶——這樣的恐慌經常隨機發生，也會被解讀為是隨機事件，與先前經驗並無關係。

當人在年幼時期經歷創傷，產生出的信念與行為會持續一生。在最嚴重的表現方式當中，早年經歷性侵會毒害親密關係，即使受害者本人對性侵發生當下的過程毫無記憶。

歐普拉：「歐普拉秀」當中有兩百一十七集專門在討論性侵，我發現大部分的受害者，包括我自己，都陷入很深的套路。當一個人從小被教育要順從，那麼，任何型態的衝突都會造成不安，因為你從來沒有學到你有拒絕的權利；事實上，你只學到不能拒絕。相信自己有資格設下界限的感覺被偷走了。許多人因此埋藏起想拒絕的心情，變成急於討好的人。我也曾經是那種人。曾經有很多年的時間，無論別人要求什麼我都會答應，即使我知道我根本不想做，我也會極力避免會造成衝突的對話，因為我受不了為自己發聲所造成的不適感受。我知道有些受害者會故意製造破壞，直到終於有人幫他們說不——也就是關係終結、友誼變質或失去工作。剛才你說到毒害親密關係時，我就想到這件事。

不過，雖然我們目前所談論的都是很極端的經歷——性侵、兒童虐待、戰爭，但製造創傷的經歷不只這些。創傷這個詞，可以用在人生遭遇中很廣泛的面向。

我認為克里斯與黛西的故事，最適合用來解釋這個概念。他們第一次出現在歐普拉秀的那一集節目，主題是討論父母離婚的兒童。在那時候，克里斯七歲，他的姐姐黛西十一歲。他們不只承受了父母離婚的創傷，而且和母親失聯多年。他們最後一次見到媽媽時，克里斯才四歲，他對母親的渴望令人哀憐。他相信只要他能存錢買戒指送給媽媽，她就會回到他身邊。我為他感到心痛不已。

另一方面，黛西的傷痛則以憤怒的型態表現。「結了婚就不該再交男朋友。」她這麼告訴我，而所說的人就是她媽媽。那個女人理應要無條件愛她、做她最棒的老師，結果卻從她的生命中消失。黛西說這種感覺「難以承受」。

在那集節目裡，身兼猶太教士與家庭諮商師的蓋瑞・紐曼（M. Gary Neuman）告訴我，對於大部分的兒童而言，離婚其實無異於死亡。他解釋道，在兒童眼中，父母並非兩個住在一起的個體。在他們眼中，父母是家庭單位中更小的一個單位。因此，即使是在離婚對家庭整體而言比較好的狀況下，兒童依然覺得自己的一部分被撕裂。倘若父親或母親從此失去聯絡，或者是在兒童尚未培養出信任之前，便突然有新的人加入家庭，大腦中塑造自我價值的區域將會受到衝擊。自我價值會影響一生中的所有關係、所有決定。當兒童感覺到父母沒有尊重他們的想法就做出決定，他們「認為自己很重要」的信念便會崩壞。

克里斯與黛西上節目，是我第一次聽到兒童說出父母離異造成創傷的真相。有些人認為孩子年紀越小越容易接受新關係，而克里斯與黛西的故事讓我明白其實並非如此。

我知道你的研究也有類似的發現。請以神經科學的觀點說明一下，在這種情況下，兒童腦部發生了什麼變化？

培理醫生：當出現新家人時，會發生兩件事。首先，兒童——就連嬰兒也是如此——開始在心中自問：「這個人是誰？這是怎麼回事？」接著，他們會感受到父親或母親的注意力不再集中在他們身上，而是轉向這個新來的人。你可以看出這會造成內心多大的動搖，即使沒有任何惡意、侵害或虐待也一樣。

歐普拉：也就是關係相對健康的狀況下。

培理醫生：沒錯。即使進入兒童生命的那個人非常善良、和藹、懂得尊重，兒童依然要花很長的時間，才能理解這樣的變化，並且回歸平靜、得到調節。我們接下來會再仔細討論，任何新的事物都會啟動我們的壓力反應系統。我們對新事物的預設反應是：「糟糕。這是什麼？」在確認新事物安全可靠之前，都會被歸類為潛在威脅。對大部分的人而言，未知是造成焦慮或無法承受的主要原因。

當然，如果關係中有衝突，絕對會更糟。比方說，如果有個小男孩被媽媽的男友吼罵，這個經驗經過處理之後，成為敘事回憶（人、事、時、地、物）儲存在皮質：「星期一，媽媽的男朋友來家裡大聲罵我。」但同時也儲存在腦部更深層的地方。媽媽的男友吼罵時，啟動了孩子的壓力反應系統。下層腦掌管的關鍵調節系統讓他心跳加速，增加肌肉硬度，並且傳送訊號要身體準備好反擊或逃跑。恐懼關閉思考、放大感受，孩子很害怕。當他的大腦努力理解這段經驗，同時也留下了創傷記憶。後來，當這個孩子接觸到觸發或誘發信號，他的大腦回憶起這段創傷經驗，他的心跳會加快，身體姿勢會改變，內分泌調和的比例會變化。重點就是，我們身體的核心調節系統會因為創傷經驗而改變。當孩子暴露在無法預期的環境中，或是遭遇極端壓力時，就會變成我們稱為「調節不良」（Dysregulated）的狀態。

歐普拉：生活在造成創傷的環境中，會導致兒童持續性的調節不良。

培理醫生：是的。舉例來說，假使兒童反覆看到父親或母親遭到語言、情緒或肢體暴力，或者遭到父親或母親的伴侶直接施暴，他們的大腦會將施虐者的所有特徵與威脅產生聯想。這樣的聯想，會在兒童長大之後影響他們體會、解讀人際關係的方式。

歐普拉：你將之稱為「個人分類法」，或是「解碼手冊」的東西，它塑造出我們理解世界的角度。

培理醫生：絕對會有影響。這些早期的聯想極為強大、廣泛。我曾經在一家住宿式的治療中心擔任顧問，那裡大約有一百名男孩，年齡大致分布在七歲到十七歲之間。這些孩子全都是「州政府之子」——因為遭受虐待或忽視，而接受家外安置之後受州政府監護。這些孩子無法適應寄養體系，因而被安置在這間住宿式中心。他們住在宿舍式的環境中，大部分都就讀中心附設的學校。

和我配合的孩子當中，有一個是十四歲的山謬。他七歲那年，兒童保護服務局（Child Protective Services，CPS）將他和四名弟妹帶離家庭。他們全部遭受忽視，山謬一直以來都在照顧並保護弟妹；爸爸喝醉的時候，山謬承受他最暴力的狂怒。接受安置時，四個弟妹去了另一個寄養家庭。山謬非常沮喪，他不停逃離寄養家庭去找他們。他換了十二個寄養家庭——也換了十二間學校——最後在十一歲那年被安置在寄宿中心。我們所做的第一件事，就是讓他和弟妹恢復聯絡，安排每週通電話、每個月探視。知道他們安全無虞、有人疼愛後，他終於放心了。這時，我們才能真正展開困難的治療工作。

接下來三年，山謬大幅改善。他的社交技巧進步了，也發展出良好的自制力，不會因為沮喪或失望而失控；他逐漸有了希望，把心思放在未來。雖然混亂的人生導致他落後三個年級，但他逐漸趕上學業，也因此升上新年級。

山謬的新老師活潑、討喜、教學經驗豐富——而且是男性。新年級的第一週，山謬發生了三次大爆發，其中兩次都是針對老師。山謬的行為太過好鬥、暴力，以致於必須被束縛。這種方式對這家機構而言是極端干預手段，而對山謬而言更是極度異常的行為。很可惜，這樣的狀況一再發生。中心的人員感到困惑又沮喪，山謬更是鬱悶又引以為恥。

每次出事之後，我都會和老師一起坐下來回顧事發經過，但我們兩個都看不出引起爆發的觸發點。我觀察山謬的課堂，但老師並沒有不當行為，也沒有做出可能刺激到山謬的行為。然而，每當老師和山謬說話，或是想在課業上幫助他的時候，山謬就會表現出明顯的焦躁。距離接近是我唯一發現的可能觸發點；老師越接近山謬，他就越焦躁。時間久了，老師開始迴避互動——沒有眼神接觸、沒有口頭鼓勵、沒有笑容。他在情緒上與實際上都變得疏遠。可以明顯看出這兩個人不喜歡對方。

有一天，我和山謬討論這件事，他唯一的解釋就是：「他討厭我。我做什麼都不對。」

就在這時，一位員工進來打斷諮商，提醒山謬他爸爸來探視的時間快到了。他父親探視時必須有人在場監督，但社工還沒來，於是我自告奮勇陪山謬去。

我們進入一間會議室，我坐在角落等候山謬的爸爸現身。山謬坐在會議桌前，將桌上的跳棋疊在一起。等待。他爸爸又遲到了。終於門開了，山謬的爸爸進來坐在他對面。他們尷尬地互相問候，然後開始玩跳棋。接下來十分鐘，他們除了玩跳棋，只講了不到十個字。他們兩個都沒有看對方。緊繃的張力非常明顯。

看著他們下棋，我的心思飄到其他地方。我想起自己的爸爸。他會帶我去加拿大福林夫隆鎮北邊釣魚。他凌晨五點會將我從溫暖的被窩中喚醒，準備出門去釣鼓眼魚。他穿上紅格紋法蘭絨狩獵襯衫，衣服上有他的獨特氣味——混合了雪茄、汗水、Old Spice 牌的古龍水。那氣味讓我感到溫暖又安心，帶給我強烈的安全感與親情。

白日夢結束，我回到現實，但會議室中依然隱約有 Old Spice 古龍水的香味。會是這個嗎？我走向桌子，站在山謬和他父親之間彎下腰。「誰贏了？」

山謬爸爸說：「他快贏了。」我聞到他的身上有酒味和 Old Spice 的古龍水香氣，他企圖用香味掩蓋酒味。依照規定，他來探視山謬的時候不可以喝酒。

探視結束後，我去找山謬的老師。他在教室裡為明天的課程做準備。「你或許會覺得有點怪，」我說，「不過，請問你用哪個牌子的止汗劑？」

「Old Spice。為什麼問？」

我拿出紙筆畫了一個倒三角形的大腦示意圖，我們花了一、兩分鐘的時間討論回憶、聯想、觸發點。我告訴他，我認為Old Spice的香味是刺激山謬的信號（羅斯曼先生的刺激信號則是爆炸聲響）。老師同意換成沒有香味的止汗劑。

那天下午，我請山謬和我一起坐下聊聊，我解釋我的想法，說明讓他不舒服、對老師發脾氣的原因。我給山謬看那個倒三角形的大腦示意圖，告訴他大腦將同時發生的視覺、聽覺、嗅覺連結在一起，以這種方式理解世界。他點頭，覺得很有道理。他給了我另一個他認為可能觸發反應的例子：只要有人大吼大叫，他就會想跑去躲起來；看到體型大的人欺負體型小的人，他會想出手攻擊。我問他是否願意和老師一起坐下來討論，看看能不能修復他們之間的關係。

山謬和老師都願意再給對方一次機會。接下來一年，他們之間的關係逐漸強化，最後山謬成為班上的模範生。

山謬的故事清楚表明大腦如何儲存記憶。我和山謬在之前的人生中都發生過與Old Spice古龍水相關的記憶。我的聯想會勾起正面感受；他的則引起壓力與恐懼。我們在世界上生活，無數聲音、氣味、畫面都會勾起人生早期創造的記憶。這些回憶可能是特定事件的完整經過，也可能只是片段——一種感覺，似曾相識，隱約的印象。

第一次見到一個人，我們心中會浮現第一印象（「他感覺人很好」），通常沒有明顯的資訊作為根據。這是因為那個人的一些特質，勾起我們先前歸類為熟悉、正面的記憶。而當一個人勾起先前的負面經驗，也會產生截然相反的結果（「這傢伙是個大爛人」）。

我們的大腦將大量的輸入訊息分類，這些訊息可能來自於家庭、環境、文化，加上媒體所呈現的東西。大腦理解了儲存的記憶之後，便會開始形成世界觀。如果後來遇到的人性格不符合我們已經歸類的記憶，那麼，我們的預設反應便是小心、防備。同樣地，倘若我們腦中的聯想滿是媒體製造的偏見，例如對特定體型、種族或文化的刻板印象，我們也會展現出暗藏的偏見（也可能是明顯的偏見）。

由此可見，日常生活中的許多現象都與大腦理解世界、製造聯想、產生回憶的過程有關。因此，要瞭解現在的你為什麼這樣，「你發生過什麼事？」絕對是關鍵問題。

Chapter 2

尋求平衡

壓力之所以會發生，

是因為某個需求或困難導致我們失去平衡——

偏離調節的「設定值」。

你有多常想到自己的心臟？

從出生之前，這個神奇的器官就開始規律輸送生命能量到全身。日夜勤勞，每天至少跳動十一萬五千次，一心一意維持生命。然而，除了將養分送到每個細胞、組織、器官的複雜工作之外，心跳也負責調節情緒能量。強而有力、步調平均的跳動可以帶來平靜的感覺；而心跳急遽加速時，就連最健康的人也會感到恐慌。

年近五十的時候，有一段時間我發現心跳發生變化，有時會快速顫動。我立刻開始想像最慘的狀況。一天夜裡，我的心跳實在太激烈，我從睡夢中醒來。人生中第一次，我覺得快死了。

過了足足六個月，我才終於明白究竟是怎麼回事。拍攝「歐普拉秀」的攝影棚外面，桌子上放著一本書，我隨手拿起來看，這才知道原來更年期症狀也包括心悸。我去看醫生，證實了這個說法，也得知我的身體確實正在經歷更年期變化，我無法形容那種放下心中大石的感覺。我感到安心又驚奇。因為對我而言，那次心臟直接傳達了訊息，那絕對是我與自身獨特的生物系統之間最強烈的一次連結。這件事證明了我一直以來的信念：我的身體隨時都在對我說話。

每個人都是這樣。從出生開始，我們的心臟便不斷傳送訊息，讓我們知道身體的狀況。心臟能準確捕捉到身體與情緒健康上的任何微小變化，當心臟發出警訊，全身所有部位都會感受到影響。

自從那次心悸發作之後，我對這個不眠不休的內在警報系統感到深刻的感激。遭受壓力時，心臟改變節奏的機能是一份大禮。

不過，我從培理醫生那裡學到，長時間維持在高度警戒狀態，對整體心理與情緒健康有害。長期壓力與疾病之間的關連真實存在，諸如焦慮症、憂鬱症、中風、心臟疾病、糖尿病。

二十多歲的時候，我第一次面臨重大考驗，必須調節自身的壓力。當時我剛成為記者，一週工作一百個小時。我希望能為團隊加分，但我感覺到自己變得越來越不協調。我之前說明過，由於我童年遭受的創傷事件，包括無法在家庭生根、被性侵、經常挨打，導致我受到制約而變得善於討好別人，即使耗盡自己的能量也在所不惜。於是乎，當我感覺到身體發送的壓力訊號，我置之不理，選擇用最容易取得的藥安慰自己：食物。我的人生節奏越是混亂，我越是依賴這種舒緩的方式，讓警訊安靜下來。

我還算有一點理智，知道這麼做很對不起自己。我知道自己的精力有限，也知道必須保留、補充精力。但我花了好幾十年的時間，才終於明白如何讓生活順應屬於我的節奏。現在，每當我開始覺得難以承受，我就會後退。我學會拒絕，當身邊的人讓我身心疲憊時，我會豎立一道防禦——一道想像的牆，隔開那個人的負面能量。

我也創造出不可侵擾的個人空間，將星期天空出來，作為休養生息的時間，准許自己只做自己，准許自己只是單純存在。倘若這段時間遭到打斷或威脅，倘若有人入侵我的平靜時光，我會變得煩躁、容易焦慮、難以做決定——這不是我想在世界上成為的那種人。

想要找回屬於我的節奏，最快、最有效的方法，就是在自然環境中漫步。專注呼吸，專注感受穩定的心跳，寧靜平穩的樹木、細緻精美的樹葉，這些都能讓我回到萬物圓滿的中心。

音樂、歡笑、舞蹈（甚至舉行一個人的派對）、編織、烹飪——找到能自然帶給你安撫的事物，不但能調節心臟與心靈，也有助於讓你敞開心胸，感受自己與世界的美好。

——**歐普拉**

歐普拉：我還記得，有一次和你一起走在歐普拉學院的校園裡，一群學生剛下課要去下一堂課的教室，她們一起跳舞、歌唱、歡笑。那時，你已經照顧學院的學生超過十年了，我們看著那些孩子，你說了一句話，意思大致上是，「這樣有助於她們學習。」因此，我們開始討論為何節奏如此重要。

培理醫生：要有健康的身體、健康的心靈，節奏不可或缺。世上每個人應該都能想到一個能改善心情的節奏性活動：散步、游泳、音樂、舞蹈、波浪在沙灘上散開的聲音……等等。

歐普拉：所以寶寶哭的時候我們會抱起來搖。我們想幫助寶寶找到自己的節奏，藉此讓他們平靜下來。

培理醫生：沒錯，而且這樣做也有助於讓我們平靜下來。我們會感染到身邊的人的情緒。寶寶難受的時候，我們也會跟著難受；於是，我們去把寶寶抱起來走動。一開始我們先採取能安撫我們的節奏，假使沒有用，我們就會慢慢改成能幫助寶寶調節的模式。寶寶所給予的回應，塑造出我們使用的安撫節奏模式。

長大之後，我們會找出屬於自己的調節節奏與活動。有些人的方法是散步，有些人則是刺繡或騎腳踏車。當感覺到失調、焦慮、沮喪時，每個人都會選擇自己因應的方式。而其中共同的元素就是節奏，節奏有調節的效果。

歐普拉：當描述身心靈平衡的整體狀態時，大家通常會用「安適」（Wellness）這個詞，但你說的卻是「調節」（Regulation）。請幫助我瞭解其中的意義。

培理醫生：調節同樣與平衡有關。我們有許多不同的系統在持續觀察身體與外界，確認我們平安、平衡——有足夠的食物、飲水、氧氣。當我們獲得調節時，這些系統就得到需要的東西。

壓力之所以會發生，是因為某個需求或困難導致我們失去平衡——偏離調節的「設定值」。偏離平衡的時候，我們變成調節不良的狀態，感到不適或壓力。回歸平衡之後，就會覺得舒服很多。解除壓力——回歸平衡——能夠啟動腦部的獎賞網路。回歸平衡時，我們會感到愉快——從寒冷到溫暖、從口渴到水分充足、從飢餓到吃飽。

歐普拉：調節不只是生理上的概念。人生中的所有部分，我們都致力於滿足需求，達到穩定、平衡、調節良好的狀態。

培理醫生：沒錯。平衡是健康的核心。當身體的各個系統達成平衡，同時友誼、親情、社群與自然也處於平衡，我們的感受與功能都會是最佳狀態。

歐普拉：一定要讓父母瞭解你剛才說的話非常重要——學習健康的自我調節，這個過程其實從嬰兒時期就開始了。寶寶哭的時候，不是因為餓了、渴了、累了，就是因為要換尿布或需要觸摸。既然他們無法自行吃飯、換尿布，因此，只能靠哭泣的方法讓他們自己恢復平衡——呼喚照顧者來處裡他們的需求，讓他們恢復平衡。當照顧者沒有回應時就會出問題。寶寶不但無法回歸平衡——調節良好的狀態——反而會更難過。

培理醫生：是的。如果我餓了，可以自己去做三明治——自我調節。但就像妳說的那樣，嬰兒必須依賴成年人幫忙調節。給予照顧的成年人由外界進行調節。隨著時間過去，這些給予回應的成年人幫助兒童的大腦建立自我調節的能力。我們剛才提到過，要幫助遭受壓力的嬰兒調節，節奏是很好的工具。

歐普拉：為什麼呢？

培理醫生：所有生命都有節奏。自然界的節奏深植在我們的生物系統中。從子宮裡就開始了，母體的心跳製造出規律聲響、壓力與顫動，發展中的胚胎能夠感覺到，並且時時刻刻輸入節奏給建構中的大腦。這些經驗創造出強大的聯想——基本上就是記憶——將大約每分鐘六十到八十下的節奏視為與調節相關。每分鐘六十到八十下是成年人安靜時的平均心跳速率；這是胚胎感受到的節奏，這個節奏等於平衡、溫暖、吃飽、解渴、安全。出生之後，這種速度的節奏可以帶來安慰與安撫，而喪失節奏，或是太高亢、不規律、難以預料的感官輸入模式，則會聯想到威脅。

我們搖動難受的寶寶，規律的動作啟動這種安全記憶。寶寶感覺比較平衡，就會安靜下來。

不只如此，當搖動的同時給他們食物、溫暖與愛，照顧的成年人會更加強化節奏與調節的聯想。這些充滿愛的交流，藉由加入人類接觸，逐漸擴張關於調節的複合「記憶」。照顧者的氣味、撫觸、笑容、聲音，這些也與調節、安全產生關連。健康的根源就是節奏與調節。當照顧中混合了關注、回應與滋養，大腦的調節之樹便會長出根和樹幹（見圖2）。

調節樹由數個神經網路構成，遭受壓力時，身體運用這套系統幫助我們處理、回應。通常說到「壓力」這個詞都有負面的感覺，但壓力其實只是對身體的諸多生理系統做出要求，有時只涉及一個系統，有時是多個。飢餓、口渴、寒冷、健身、升職，這些全都是壓力源，壓力是促進正常發展的正向要素；當我們要學習、掌握新技能，要建立復原力，壓力都是不可或缺的元素。要分辨壓力屬於正向或具有破壞性，關鍵在於壓力模式，如圖3所示。

我們有一套核心調節網路（Core Regulatory Networks，CRNs）——也可說是神經系統，源頭在大腦下層，散布到整個大腦——通力合作，讓我們在面對各種壓力源時保持良好調節。

整體而論，這棵調節樹的枝幹主導或影響了大腦的所有功能（例如思考、感受）以及身體功能（影響心臟、胃、肺、胰臟等等）。調節系統致力於讓一切保持均衡、調節、平衡。

| 圖 2 |

調節樹

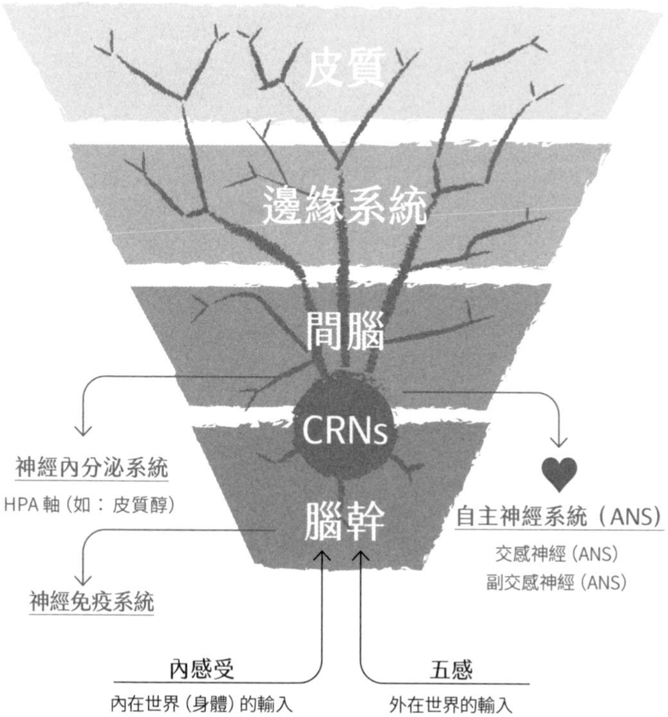

註：HPA ＝下視丘－腦垂腺－腎上腺軸；
ANS ＝自主神經系統；CRN ＝核心調節網路

歐普拉：也就是說，當孩子在有滋養、支持、關愛的環境中成長，只要一哭就會有人來回應你的需求，這樣就能得到良好調節。最終，在關愛中成長的孩子，也就是你所說的「調節樹成長」——腦中的這些網路讓你能夠自我調節，並且在健康的關係中與人來往。

培理醫生：就是這樣。這件事真的非常重要，所以值得更進一步探討。首先，我們剛才也討論過，調節涉及數個重要神經網路——包括壓力反應系統。其次，形成並維持人際關係也涉及數個神經網路。最後還有與「獎賞」相關的數個神經網路。當這些網路啟動時，會帶給我們愉悅的感受。當這三個系統組合在一起，就會製造出我們的深刻回憶；正是因為這樣，所以當我們從其他人那裡得到接納、溫暖的信號，便會感覺調節良好並且得到獎賞。產生關係、給予並接受調節、給予並接受獎賞，這些能力就像黏膠一樣，讓家族與社群凝聚在一起。

歐普拉：調節、關係，以及獎賞。

培理醫生：是。當付出關懷、勤於回應的成人來安慰哭泣的嬰兒，這時會發生兩件重要的事。寶寶的壓力消失，得到調節，於是感到愉快——同時體驗到人類互動的畫面、氣味、觸摸、聲音、動作。成年照顧者提供的關愛感受將會與愉快產生聯想。在千百次的時刻中，當照顧者回應嬰兒的需求，大腦便將關係與獎賞及調節聯繫在一起。因此，一個關愛、專注、勤於回應的照顧者，等於是在幫寶寶編織這種強大的三部分聯想——為調節之樹建立健康的樹根系統。

此外，我們之前也談過，這些產生感情的經驗，會創造出嬰兒對人類的世界觀。穩定、愛護的照護者建立寶寶內在的觀點，相信人很安全、可以預期、充滿關愛。

歐普拉：來幫我調節的那些人類不錯。我有需要的時候，就會得到。人類不會害我而且會幫助我。

培理醫生：對，這是非常好而且非常強的世界觀。我們學習到與他人產生關係可以得到獎賞、調節，這樣的觀點讓我們積極與老師、教練、同學往來。通常會帶來更多、更多正向的人際關係，為我們內在的經驗分類增添內容。大腦是製造意義的機器，永遠在嘗試理解世界。倘若我們的世界觀告訴我們人是好的，那麼，我們就會期待從人的身上得到好的事物。我們會將這樣的期望投射在與他人的互動上，因此引出他們的善意。我們的內在世界觀會成為自我應驗的預言；我們投射出期望，幫助我們引來期望中的東西。

很多年前的一個冬天，我在芝加哥的歐海爾機場準備去參加一場學術研討會。那天下雪了，所有班機都延誤。候機室擠滿沮喪的旅客，包括坐在我旁邊的老先生。他身上的西裝非常高級，戴著勞力士錶，看得出來他非常不高興。每次地勤宣布再次延誤，他都會氣憤地嘀咕，惱怒地抖一下報紙，然後繼續讀。

我看著一對神情疲憊的年輕夫妻輪流追女兒，她還在學步的年齡，在候機室探險。連續幾個小時，受困的乘客越來越不耐煩，但那孩子依然笑容滿面，探索、觸摸她看到的每樣東西。

地勤人員出來宣布要再次延後，我身邊的那位老先生從座位上跳起來，幾乎用衝的去到那位地勤面前，要求見她的主管。「我是金章貴賓，我認識你們的好幾位董事。我要去克利夫蘭參加一場非常重要的會議……」他不停暴怒大吼，等候登機的人全部安靜下來。

可憐的地勤只是看向窗外，指著飄落的大雪，然後說：「很抱歉，先生。我們已經盡力了，我們無法控制氣候。」老先生氣呼呼回到座位。

在我理解世界的模式中，無禮高傲、自以為了不起欺壓別人，這種人絕對是混蛋。但當我瞥見那個小女孩，發現她歪著頭，彷彿想知道為什麼這個人說話的時候，大家會變得那麼安靜。她理解世界的模式認為人很善良。因此，無論這個老先生是什麼人，他一定也是好人。

她直直走過去，站在他面前；她把黏答答的小手放在他的膝蓋上，露出笑容。他板著臭臉，在她的臉前面抖一下報紙並舉高繼續看。我的世界觀得到確認：他對小孩也這麼凶？超級大混蛋。

小女孩愣了一下。不過，她顯然認為這是遊戲——因為人很善良，對吧？——她笑嘻嘻扯下報紙，對著可能成為新玩伴的人露出燦爛笑容。

噢，老天，我想著。狀況不妙。不過我錯了。她才是對的。她滿臉笑容。老先生認輸搖頭，也對她笑。她的「善良投射」極富感染力。她引出那個人最好的一面，她的世界觀得到肯定。接下來三十分鐘，他們兩個一起玩耍，她爸媽在一旁看；他甚至不顧昂貴的西裝會弄髒，趴下來給她當馬騎，在骯髒擁擠的候機室爬了一圈又一圈。

她引出她所投射的期待，這要感謝她周遭的人以千千萬萬個關愛的時刻，建立了她的內在世界觀。她的父母、親戚、照顧者陪伴她、關注她，以充滿愛的方式給予回應。

歐普拉：不過，假使嬰兒無法得到這種正向、呵護的回應呢？如果說媽媽獨自照顧孩子，沒有人幫忙，或者她本身有憂鬱症，又或是處在暴力關係中，那會怎樣？這個媽媽真的很想給孩子愛和回應，但在那樣的狀況下，可能做到嗎？

培理醫生：這是我們社會很嚴重的問題，有太多父母需要照顧孩子，卻無法獲得適當的奧援。結果就像妳所想的那樣，負擔過重、疲憊不堪、調節不良的父母很難給予兒童一致、可預期的調節。這樣的狀況可能會以兩種方式產生重大影響。

首先，孩子的壓力反應系統（見圖3）會受到影響。倘若寶寶感到飢餓、寒冷、害怕，但負擔過重的父母無法給予一致性的回應與調節，如此一來，孩子的壓力反應系統會以不一致、長時間、無法預期的方式啟動。結果會導致這些重要系統過度敏感。

在長期創傷的案例中，調節樹的核心調節網路會發生變化，以最好的方式應對目前的刺激。調節系統努力保持身心平衡，但過程可能艱難又勞累。在這種長期案例中，即使當刺激過去了，這些系統的變化卻依然持續。在家暴環境中成長的孩子習慣提高警覺觀察家中，尋找威脅的跡象，這是非常好的適應；然而，在課堂上，這樣的習慣卻可能導致孩子無法專心聽講，以致於被貼上注意力不足過動症（Attention Deficit Hyperactivity Disorder，ADHD）的標籤，這樣一來就變成了適應不良。

第二個嚴重問題，則發生在創造關係連結的過程。如果，當嬰兒創造看待世界的模式時，照顧者的回應方式難以預料，或是偶爾表現出粗魯、沮喪、冷漠、心不在焉，那個孩子就會創造出不同類型的世界觀。

我們的一個計畫與幼兒園合作，我們去觀察學生與教師之間的互動。其中一間教室裡，有一位滿懷熱忱與關愛的年輕教師。學年開始的時候，這位老師溫暖歡迎每個孩子，給他們擁抱與燦爛笑容。一整天，這位教師以非常用心的態度與學童互動。

我們發現有個小女孩拒絕那位老師的肢體關愛，也沒有眼神接觸。老師擁抱她的時候，她只是站著不動，沒有抱老師。後來我們得知，這個孩子的母親負擔很重、有憂鬱症，而且家裡沒有其他大人。

隨著時間過去，這位教師對其他學童的態度依然溫暖熱情，但一週又一週，這個內向、悲傷的女孩得到的正向鼓勵漸漸減少。可以想像，這個女孩的世界觀是：**我不夠重要；不能真心信任人。**

學年開始一個月之後，班上正在進行活動，這個女孩舉手求助；這是她第一次那樣主動求助。她舉起右手。揮了揮。但老師在另一張桌子旁邊專心和別的小朋友講話，所以沒有注意到。老師和其他小朋友有說有笑。這個小女孩看著他們片刻，然後慢慢放下手。那個學年她再也沒有舉手求助。

計畫結束之後，我們播放這段影片給那位老師看，她哭了。她感到非常內疚。她並非

| 圖 3 |

壓力啟動模式

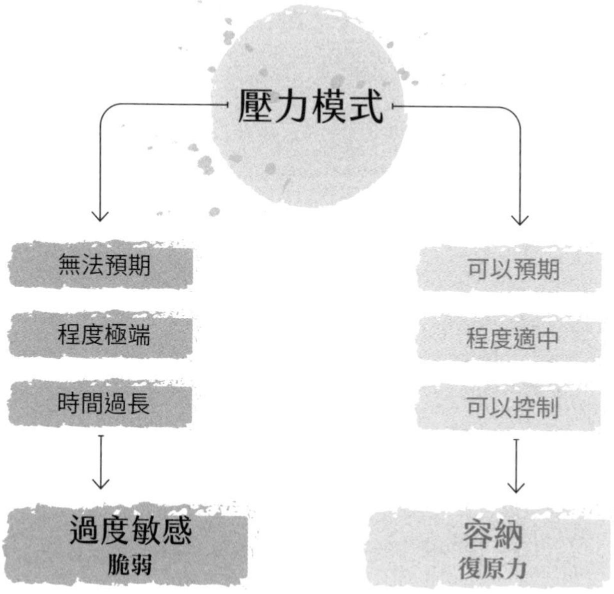

壓力的長期影響取決於壓力啟動模式。當壓力反應系統啟動的方式無法預期、程度極端、時間過長，系統會變得太過活躍、太過強烈——也就是過度敏感。時間一久，可能導致功能變得脆弱。由於壓力反應系統整體會觸及大腦與身體的所有部分，因此可能造成情緒、社會、精神、身體健康上的一連串風險。相反地，以可預期、程度適中、可控制的方式啟動壓力反應系統，像是有助於發展的各種挑戰，無論是教育、體育、音樂等方面，可以打造出更堅強、也更有彈性的壓力反應能力——即為復原力。

故意忽視那個孩子，但要維持互動，勢必需要有來有往的社交回饋。這個小女孩看待世界的模式——**我不重要**——投射到課堂上，成為自我應驗的預言。我們對世界投射怎樣的期待，就會從世界得到那樣的結果；不過，童年時的遭遇會決定你投射出什麼。

歐普拉：那麼，因為這個小女孩的人生早期需求沒有得到滿足，因為她的媽媽負擔過重、孤立無援、精疲力盡，而且還有憂鬱症，因此無法做到「投入、用心、專注、勤於回應」，就像你所說的那樣，這個孩子失去平衡。假使這樣的照顧模式繼續惡化成直接忽視——對孩子的基本需求漠不關心，不理會的時間越來越長，或是求助哭泣沒有得到回應，甚至換來憤怒或懲罰——這個孩子就會生活在持續壓力的狀態下。無論是哪種狀況，她都會失去平衡。

培理醫生：毫無疑問。而這之中最重要的面向，或許是壓力啟動的模式。如果父母的態度一致、能夠預期、關愛呵護，那麼，孩子的壓力反應系統就會培養出復原力。如果壓力反應系統長期處於啟動狀態，或者以混亂的方式啟動，例如虐待或忽視的案例，系統就會變得過度敏感、運作不良。

雖然通常我們不會察覺，但我們隨時都在感受並處理外界輸入的訊息；根據輸入的內容，我們的大腦與身體以各種方式回應，幫助我們維持人際關係、生存、成長茁壯。當我們因為外力而無法保持均衡狀態——失去平衡——我們也有一套壓力反應系統可以啟動，以幫助我們。

大部分的人都聽過「反擊或逃跑」這個句子。這是我們感到害怕時會啟動的兩種反應。大腦會將注意力集中在潛在威脅上，關閉不必要的心智程序（例如：思考人生的意義、做白日夢想像即將到來的假期），你的時間感會全部瞬間集中在那一刻。心跳加快，將血液送往肌肉，準備應付可能需要逃跑或反擊的狀況。腎上腺素傳送到全身。這個反應啟動你的身體。

我們之後會進一步討論，這種「激發性」反應，並非我們回應威脅的唯一方式。想像一下，當你個子太小打不贏也無法逃跑。在這樣的案例中，大腦和身體其他部分會準備承受傷害。心跳減慢，身體釋放內建的止痛劑——類鴉片肽。你脫離外在世界，在心理上逃往內在世界。時間好像變慢了。你會感覺自己彷彿在電影裡，或是飄浮在空中觀看發生在你身上的事。這些全都屬於另一種適應能力，稱之為「解離」

（Dissociation）。對於嬰兒和幼童而言，解離是一種很常見的適應策略；戰鬥或逃跑無法保護你，但「消失」或許可以。你學會逃進內在世界。你解離。久而久之，逃進內在世界——安全、自由、能夠控制——的能力越來越強。那種過度敏感的解離能力有一個關鍵的部分，就是討好他人。你順從別人的想法。你發現自己為了逃避衝突而做一些事情，為了確保與你互動的人感到愉快，並且越來越會做出能夠調節但解離的行為。

壓力反應系統對創傷過度敏感的人，要找回平衡會是一樁非常累人的挑戰。為了避免壓力造成的痛苦，可能導致尋求極端並具有高度破壞性的調節方式。

歐普拉：我訪問過許多為了抒解情緒失衡而導致更多痛苦的人，而其中最令人難過的就是英國演員兼諧星羅素·布蘭德（Russell Brand）。那時候他已經戒癮十一年，出版了一本非常震撼的散文集，述說他依然幾乎每天都還是想吸食海洛因。「令我痛苦的並非毒品與酒精。」他寫道。「令我痛苦的是現實世界，毒品與酒精是解藥。」

羅素告訴我，小時候他覺得被身邊的人孤立。他由單親媽媽撫養長大，家裡很窮，他說自己很迷惘、寂寞，不知道該如何解決這些感受。他的人生中有一段時期，「無法分辨自我的盡頭與痛苦的開頭」，因此，他染上了許多危險的習慣，包括暴飲暴食、「沉溺」色情影片，最後則是嚴重毒癮。「我無法忍受身為我自己。」羅素說。他說即使在最黑暗的時刻，他依然經常感激毒品帶來的喘息，讓他能逃離難以承受的「內在風暴」。

戒癮滿十六年時，羅素在社交媒體上將一切歸功於住院式治療中心、支持團體、心靈導師。他說：「現在我自由了，你們也可以得到自由。」

靈性大師蓋瑞．祖卡夫（Gary Zukav）說過，「不要因為上癮而感到羞恥。要感到喜悅。你找到了你來到這個世界上必須療癒的東西。當你面對、治療成癮問題，就是在進行世上最深層的靈性工作」。

這一切都說明了一件我們很多年前就知道的事：毒癮與創傷有相關性，但因此喪生的人數依然持續增加。培理醫生，你在研究創傷受害者的過程中，發現許多人之所以吸毒，並非出於我們想像的原因。他們並非因為放縱、愛玩而吸毒，甚至不是作為逃避人生的方法，而是為了避免調節不良引起的痛苦與壓力。是這樣嗎？

培理醫生：當我們問「你發生過什麼事？」通常都會發現成長期創傷的歷史。經歷過「成長期負面經驗」（Developmental Adversity）的人往往都有長期的調節不良問題——他們通常會比較緊繃、焦慮。他們會覺得好像隨時都會嚇得魂飛魄散——或者，就像羅素・布蘭德貼切形容的那樣，內在風暴。他們的核心調節網路過度敏感，等一下我們會做進一步說明。

如果從小生長的家庭或環境難以預期、混亂，甚至持續存在威脅，那麼，很可能最後你的壓力反應系統會發生變化。而當虐待、混亂、目睹暴力的狀況發生在家中時更是如此，那些理應關愛、保護你的成人就是痛苦、混亂、恐懼或虐待的源頭。

還記得之前說過的壓力啟動模式嗎？即使沒有發生重大創傷事件，光是無法預期的壓力與隨之而來的缺乏控制感，便足以讓我們的壓力反應系統過度敏感——太過活躍、太過強烈——製造出內在風暴。

不要忘記，人類的情緒是會「感染」的；我們會感應到其他人的壓力。想像一下，有個孩子的父親沮喪又憤怒，工作沒有前景，又因為地位或膚色而在外面受到歧視，他帶著滿肚子的無力感與挫敗感回家。這位父親的內在風暴變成家庭風暴，他的混亂變成家庭混亂。他可能會以酒精或毒品消除壓力。但吸毒的家長，以及經常酒醉、負擔過重、無奈沮喪的家長，會讓小孩感受到恐懼的氛圍。儘管家長可能很想保護孩子不受大人的壓力影響，儘管他們很愛孩子，但錯誤已經造成了。孩子長大之後會將這樣的經歷內化；他們在恐懼中成長。

這些孩子長大之後，如果也有機會接觸到毒品或酒精，他們可能會感受到一種前所未有的平靜；壓力解除帶來的愉悅成為強大的獎賞。不要忘記：解除壓力能帶來愉悅。他們人生中第一次放鬆。再次使用的誘惑力非常大，雖然會因為條件不同而強度有所差別，諸如：失調的嚴重程度、人生中其他獎賞來源的性質與強度。每一天，我們都以不同的獎賞來源填裝「獎賞桶」——而且每一天都不一樣（見圖4）。有些日子會有大量友情與親情；其他日子，你填裝「獎賞桶」的方式，可能是去附近的慈善廚房當志工。也有些時候，我們會感到空虛、不滿足。在Covid-19新型冠狀病毒大流行期間，許多人會覺得比較難「填滿」；焦慮與憂鬱的狀況增加，也有更多人使用較不健康的獎賞方式滿足空虛。

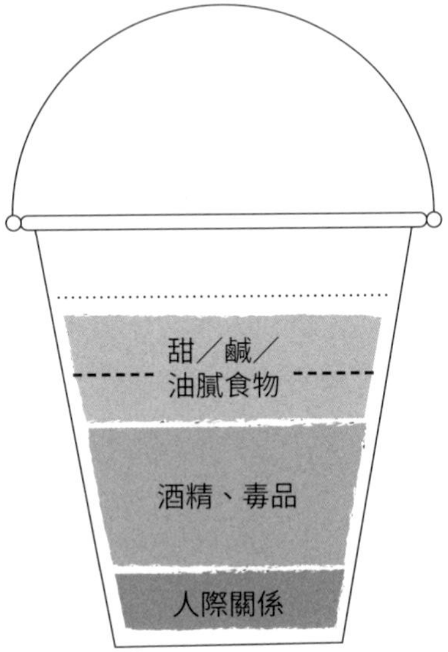

B

到滿足、調節良好。我們每個人都以各自獨特的方式填裝這個桶。

我們許多人有機會接觸健康的獎賞：工作、信仰、符合價值觀與信念的志工服務，藉此得到許多正向人際互動，如圖A。但缺乏強大的人際關係與情感連結，可能導致個人難以抗拒濫用其他不健康的獎賞方式（圖B）。健康的獎賞組合（如：大量正向人際交流、從事符合價值觀的工作、在一天的生活中加入健康節奏與性行為，以健康的方式保持調節良好）有助於降低使用單一、不健康的獎賞方式，例如濫用酒精、毒品或暴飲暴食。

｜圖 4｜

填裝獎賞桶

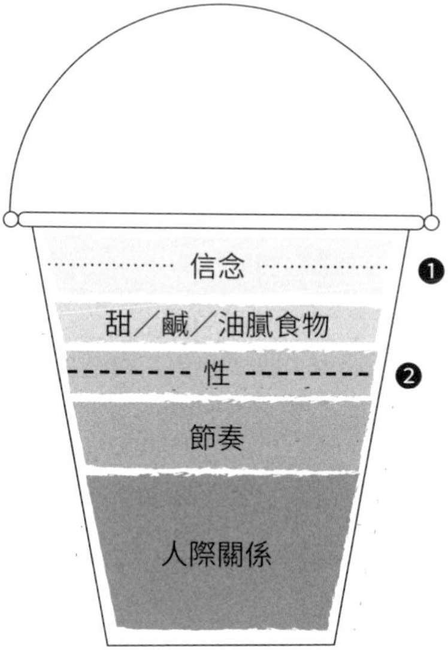

A

啟動大腦的關鍵神經網路可以製造出愉悅或獎賞的感受。這些獎賞迴路可以由許多種方式啟動，包括解除壓力（如：使用酒精自我藥療，以節奏調節壓力反應系統因創傷而變化所造成的焦慮）；正向人際交流（人際關係）；濫用古柯鹼、海洛因之類的毒品直接啟動獎賞系統（毒品）；吃進甜／鹹／油膩食物；秉持價值觀或信念行事（信念）。

每天我們都必須填裝「獎賞桶」。比較深色的虛線（❷）是我們必須達到的獎賞基準，這樣才會感到獲得調節與獎賞；倘若我們每天得到的獎賞低於這個基準，就會感到壓力。如果超過最上方黑點連成的線（❶），我們會感啟動獎賞迴路的問題在於，愉悅感會消退。得到獎賞的感覺很短暫。想一想，吃一片洋芋片的愉悅感能維持多久？幾秒而已。然後就會想再吃一片。一根香菸的尼古丁也一樣，甚至心愛之人的笑容也是。在那當下感覺非常美好，我們可以靠回味得到一點愉悅，但獎賞當下強烈的感受會消退。每一天我們都必須重新填裝獎賞桶。

最健康的方式是透過人際關係。情感連結帶給我們調節與獎賞。然而，當濫用上癮物質時，我們可能會因此推開我們所愛的人。許多介入戒癮的方法都使用懲罰手段，因此使得調節不良的問題更惡化，想要濫用的誘惑更強大。斷絕關係、邊緣化、妖魔化、懲罰，這些只會讓濫用上癮物質的問題更加嚴重。調節不良、自我藥療、關係崩壞、缺乏獎賞，因而更加濫用上癮物質，如此成為一個循環，並且每況愈下。

不過，關於毒癮，有個很有意思的事實：調節相當良好的人，他們的基本需求都有得到滿足，擁有其他健康的獎賞方式，這樣的人吸毒雖然會造成一些衝擊，但不停回頭吸毒的衝動比較沒有那麼強烈。雖然感覺很愉悅，但不一定會成癮。

上癮非常複雜。我相信許多濫用毒品和酒精的人，其實是因為成長期負面經驗與創傷的歷史，而企圖自我藥療。

歐普拉：你這麼說真的很有意思。我認識很多服用藥物控制焦慮症的人，但我自己吃了那些藥只會想睡覺。因為我的內在基準已經很平靜了，當我服用有放鬆效果的藥物時，我會直接睡著。

培理醫生：對。妳吃了會入睡，但妳的一些朋友可能也服用同樣的劑量。

歐普拉：有些人服用的劑量可能高達兩倍。我忍不住在想：**為什麼不是每個人都會入睡？**不過，如果你的壓力反應基準已經提高了，就需要更多抗焦慮藥物才能降低到基準之下。因此，即使很多人沒有表現出高度警覺或焦慮的模樣，但其實生理上已經很激動了。

培理醫生：是的，藥物可以給予安撫。但如果要解決上癮問題並且徹底擺脫，我們一定要把重心放在他們過去的遭遇上，否則永遠無法真正解決。

歐普拉：沒錯。你發生過什麼事？永遠要先問這個。

培理醫生：正是因為如此，遇到上癮物質濫用與依賴這方面的問題，所有相關的機構，無論是受到影響或負責處理治療，都必須採用發展導向、創傷知情的觀點，這真的很重要，包括教育、精神健康、執法、少年與刑事司法、家事法庭。在我們的社會中，不可能找到完全不涉及這個問題的部分。我們立意良善，有很多好人幫助，投入大筆金錢，但效果依然不佳，因為我們不明白讓人難以抗拒慣性濫用的潛藏機制。

歐普拉：我們必須理解創傷受害者比較容易上癮，是因為他們的壓力基準線不一樣。

培理醫生：一切的源頭都是調節不良。人永遠有股衝動想要得到調節、尋求安適、填滿獎賞桶。但事實證明，最有效的獎賞方式是人際關係。人與人之間的正向交流能帶來獎賞與調節，如果少了願意關心、陪伴、支持的人，幾乎不可能擺脫任何形式的不健康獎賞與調節，包括濫用酒精、濫用藥物、過量的甜與鹹食物、色情片、刀割自殘，或是連續好幾個小時打電動。情感連結能抵消上癮行為的誘惑力。這才是關鍵。

Chapter 3

被愛的方式

如果從來沒有被愛過，

那麼大腦中讓人類去愛的神經網路就會欠缺發展。

只要給予愛，就能讓沒有感受過愛的人學會去愛。

我坐在黑暗的觀察室裡，透過單向鏡觀察葛蘿莉雅和她三歲的女兒蒂莉。她們在一起感覺很融洽。葛蘿莉雅用心觀察蒂莉釋放的信號，比起之前幾次探視，今天她感覺特別協調。母女兩人似乎都覺得相處自在多了。過去兩年，我一直觀察她們的探視活動，發現很多正向的變化。

坐在我左手邊的人，是蒂莉的兒童保護局新社工，短短兩年已經換了五個社工。右手邊則是皮媽媽，蒂莉的寄養媽媽。我認識皮媽媽很多年了。她非常慈愛，擁有無盡的正面能量。她收容過十多個孩子；在她眼中每個孩子都很特別，她愛每個孩子。我跟皮媽媽學到許多關於創傷與療癒的事，沒有人比她更內行。

葛蘿莉雅六歲時接受家外安置。她在兒童保護體系中長大，一直很不適應，換了很多個寄養家庭，學校和生活環境也因此不斷改變。因為承受太多創傷經驗，葛蘿莉雅有多重複雜的問題，涵蓋社交、情緒、生理各方面。很可惜，所有人都誤解她，包括諮商師、寄養父母、社工、法官、老師。二十年前，我們對於創傷影響的瞭解還不太夠。

葛蘿莉雅滿十八歲之後，不能繼續受兒保體系照顧。她使用多種毒品自我藥療，試圖解除痛苦。滿十九歲時，她懷孕八個月，無家可歸。二十歲時，她帶著襁褓中的女兒，沒有支援、沒有家庭、沒有工作。最後，兒保局帶走蒂莉。但蒂莉很幸運，直接進了皮媽媽的家。

接下來兩年，皮媽媽幫助葛蘿莉雅和蒂莉母女。她用心、關愛，給蒂莉一個安全穩定的家。她邀請葛蘿莉雅來訪，讓她參與蒂莉的生活，條件是她不能吸毒或喝酒。皮媽媽發現葛蘿莉雅其實像蒂莉一樣，需要安全、穩定的關愛；她察覺葛蘿莉雅雖然身體是成人，但內心只是個缺乏愛的孩子。一開始，葛蘿莉雅不太投入。但大約九個月之後，她接受我們的建議，開始進行創傷相關問題的臨床治療。

現在，蒂莉與葛蘿莉雅都有了顯著成長。很快地，葛蘿莉雅就可以自行照顧孩子了。但是要達成這個目標，必須由兒保局社工向法官提出。這次探視也是兒保局「團圓」計畫的一部分。

我們三個默默坐著，觀察蒂莉與葛蘿莉雅。玩耍大約十分鐘之後，葛蘿莉雅從外套口袋拿出一些糖果。我感覺到社工緊張起來。「她不可以帶糖果來探視。」我也感覺到坐在另一邊的皮媽媽，劍拔弩張地準備回應社工。我悄悄按住皮媽媽的手，試著安撫她。她非常保護葛蘿莉雅和蒂莉。

蒂莉有前期糖尿病。展開治療後的第一年，我們發現葛蘿莉雅因為欠缺人際關係工具，因此習慣用糖果讓蒂莉「開心」。後來我們瞭解到，葛蘿莉雅小時候，她的寄養父母主要是以這種方式哄她；對葛蘿莉雅而言，拿到糖果是最接近得到愛的狀況。我們的大腦會反應出我們成長的世界，我們會以自己被愛的方式去愛別人。葛蘿莉雅只是想以她所知道最好的方法，向女兒表達愛。

社工接著說：「她明知道不可以這樣。那孩子有前期糖尿病。這樣是虐待。」

「不，」我說，「那是無糖的糖果。」顯然社工沒有看最新的報告，畢竟他很可能同時要管理六十個案件。

「你怎麼知道？」

「是我給的，在會面開始之前。」我感覺到皮媽媽笑了。

一年前，我們的小組成員開會討論，想找出辦法取得平衡。照顧蒂莉前期糖尿病問題的同時，也要解決葛蘿莉雅想用糖果表達愛的衝動。一位組員建議告誡葛蘿莉雅，他提出在每次探視之前先搜身，而且，要是她再偷帶糖果給蒂莉，就要禁止接觸。皮媽媽不同意。「那個可憐的媽媽很努力了。讓她給女兒糖果吧，這是她唯一知道的疼愛方式。懲罰、羞辱的手段不可能讓她成為更好的媽媽。要是希望她成為更有愛的媽媽，我們就必須先給她更多愛。」

於是，我們沒有告誡葛蘿莉雅，只是告訴她要換成無糖的糖果，並且教她營養與糖尿病的知識。當然，皮媽媽也確保葛蘿莉雅和蒂莉都得到滿滿的愛。

我們向新社工解釋這一切，我們一起設計團圓計畫，給予葛蘿莉雅和蒂莉雙方大量的支援。葛蘿莉雅取得同等學力資格，進入社區大學念護理。皮媽媽繼續積極關心這對母女。這位媽媽以她所知道最好的方法愛孩子，我們沒有貶低她，而是繼續給葛蘿莉雅和蒂莉很多愛，也展示如何去愛。

我們的大腦有許多了不起的特性，其中最神奇的，就是能夠順應個人世界而改變、適應的能力。神經元與神經網路受到刺激時可以改變結構；這稱為神經可塑性（Neuroplasticity）。而受到刺激的方式則是透過我們個人的經驗：大腦是以「用進廢退」的方式改變。例如說，當小孩開始練習彈鋼琴，相關的神經網路就會啟動，並且做出改變。神經可塑性的這個面向——重複的行為引起變化——大家都很熟悉，這也是無論在運動、藝術、學術各方面，只要多練習就能進步的原因。

神經可塑性有個很重要的原則，也就是特定性（Specificity）。要改變大腦的任何部位，那塊特定的部位一定要啟動。想要學彈鋼琴，不可能只靠閱讀其他人學習鋼琴的經過，也不能只是上YouTube看其他人練習的影片。你必須將雙手放在琴鍵上開始彈；你必須刺激大腦與彈鋼琴相關的部分，這樣才能產生改變。

「特定性」原則適用於所有大腦主宰的功能，包括愛的能力。如果從來沒有被愛過，那麼，大腦中讓人類去愛的神經網路就會欠缺發展，葛蘿莉雅正是如此。幸好只要多加使用、多多練習，就可以產生這些能力。只要給予愛，就能讓沒有感受過愛的人學會去愛。

——**培理醫生**

歐普拉：如果要計算我訪問過的人數——相信我，我試過——應該有超過五萬人。將近四十年來，從我早期在納許維爾的時候到「歐普拉秀」再到現在，在這所有的談話中，我發現一個從未改變的共通點：我們所有人都希望得到重視，我們做的事、說的話，以及我們是怎樣的人。

屢試不爽，無論是美國總統、女王風範十足的碧昂絲、分享痛苦祕密的媽媽、尋求寬恕的罪犯，每次訪談結束，坐在我對面的人一定會問：「我表現得如何？」他們注視我的臉，觀察我的反應，接著總是會問：「還可以嗎？」所有人都一樣，說出真話之後，渴望能夠得到接納與肯定。除了科學因素之外，我知道最終的原因依然是這個：你被愛的方式。

培理醫生：是的，歸屬感與被愛是人類經驗的核心。我們是社會性的動物，我們天生要在群體中生活——與其他人產生情緒、社會、身體的交互連結。只要研究一下人類身體的基本架構以及功能，就會發現有很多部分是為了幫助我們創造、維持、經營社會互動。我們是人際關係的生物。

而能夠以有意義、健康的方式進行人際連結，這種能力取決於我們人生早期的關係。愛，以及給予愛的照顧者，這是我們發展的基石。嬰兒時期的遭遇會深深影響這種愛人與被愛的能力。

歐普拉：愛這個字太常被搬出來。但其實重點在於你得到怎樣的照顧；你的特定需求如何得到滿足。我想到之前談到的調節。寶寶餓了或冷了——失去平衡。寶寶以哭泣表達需求，而照顧者來「調節」寶寶。

培理醫生：照顧者來滿足寶寶的需求，這就是重點。對新生兒而言，愛就是行動；愛就是成人給予的照顧，用心關注、勤於回應、愛護滋養。父親或母親可能真的很愛孩子，但假使只是坐在電腦前面，在社交網站上發文寫自己有多愛孩子，同時卻任由寶寶在另一個房間沒人管，孩子醒來，餓了，哭泣，他仍然沒有體驗到愛。對嬰兒而言，皮膚接觸的溫暖，父母身上的氣味，照顧者的樣子與聲音，用心關愛、勤於回應的照顧者所做的事——這些將成為愛。千萬次這種關愛回應交流，塑造了寶寶發展中的腦部。這些充滿愛的時刻真正奠定了大腦組織的基石。

當寶寶感覺飢餓、口渴、寒冷，就會創造出壓力反應模式。當照顧者滿足他們的需求，讓他們回歸平衡，這就是我們之前談過的建立復原力的模式（見圖3）。感到適度壓力的寶寶哭泣，他的哭聲喚來勤於回應、關愛呵護的成人給予調節，因為成人出現，並用心關注、給予回應，讓充滿愛的行為成為可以預期的事物。**我肚子餓，我哭，他們就會來餵我。**寶寶將這些給予回應的人與愉快、飽足、溫暖產生聯想。還記得機場那個小女孩嗎？**人是善良的。**透過這樣的互動，孩子建立世界觀，根據照顧者回應的品質與模式，可以培養出復原力，也可能導致孩子變得過度敏感、不堪一擊。

歐普拉：每次的人際互動，都有那麼一瞬間，我們會想知道，你有沒有看我？有沒有聽我說話？孩子從出生就知道照顧者進來房間時有沒有眼睛發亮。他們能感受到溫柔、嬉戲、憐惜、耐性，並且給予回應。他們知道高品質相處時光真正的感受。他們知道自己被愛。

培理醫生：反過來，照顧者的互動幫助寶寶建立愛的能力。用心、愛護的行為養育出的神經網路讓我們能夠感覺愛，也能以充滿愛的方式對待別人。被愛，就能學會如何去愛。以這種有愛的方式照顧寶寶，也會改變成年照顧者的大腦。這樣的互動給予寶寶和照顧者調節與獎賞。

愛的能力是人類成功的核心。我們之所以能在這個星球存活，是因為我們能夠建構並維持有效能的團體。孤立無援的時候，我們不堪一擊。團結起來，我們就可以互相保護，合作狩獵、採集，與家族、部落中受撫養的成員分享。人際關係黏著讓我們的物種得以生存，愛則是人際關係的超強黏膠。

歐普拉：從孩子出生那一刻，你對待孩子的方式，就能決定他們會成功還是會痛苦。你剛才說的那些話，真正的意思是，一個人被愛的方式會影響重要神經網路塑造的方式，尤其是我們之前討論過的核心調節網路。

培理醫生：是的，沒錯。雖然還有很多複雜的因素，但用心、關愛的互動，組成並塑造了核心調節網路，成為基石，且隨著孩子成長而在上面逐漸建立健康的人生。可以想像成蓋房子。一定要先做好地基，然後是框架，接著是地板、裝電線水管——

這些都完工之後，房子才能住人。正如我們之前所說的，腦部發展也是從下而上。最下層的網路，也就是組成核心調節網路的那些會最先發展，從子宮內就開始了。這些網路負責調控的功能，會在我們的發展中最先顯現。例如，健康的新生兒可以調節體溫與基本呼吸，但無法進行抽象推理。就連睡眠也還不規律，動作也還不協調。然而，隨著時間過去，寶寶會站、幼童會說話、兒童會開始做計畫，諸如此類。大腦中層與上層相關的功能結構逐漸完整（見圖1）。

腦部發展過程非常偏重於前期，也就是說，大腦的成長與組織主要都發生在生命的第一年。意思並不是過了童年早期，大腦就不會改變，而是早期人生經驗對我們發展的影響非常巨大。

我們再回到調節樹（見圖2）。整體而言，核心調節網路可以觸及發展中大腦的每個部分。事實上，大腦從核心調節網路收到的訊號，對於每個區域的發展都至關重要。如果核心調節網路的組織與調節都正常，那麼所傳送的訊號將能為重要的上層區域（如邊緣系統與皮質）帶來健康發展。不過，倘若核心調節網路有任何破壞或變異，那麼，所涉及的整個腦部與身體系統，都會發生不利影響。

有三種「成長期負面經驗」一定會改變核心調節網路，並導致大範圍問題。第一是出生前發生的破壞，例如過早暴露於毒品、酒精或妊娠期極端壓力（如家暴所造成的壓力）。第二種是嬰兒早期與照顧者互動產生的破壞；倘若互動混亂、不一致、粗魯、凶暴或缺乏，那麼，壓力反應系統將以不正常的方式發展。第三種是過度敏感的壓力模式。成因有許多，之後我們會更詳細討論。基本的概念就是任何無法預期、無法控制，或程度極端、持久的壓力反應啟動，將造成太過活躍、太過強烈的壓力反應（見圖5）。

歐普拉：也就是說，如何被愛這件事其實相當複雜，不只是單純地說：「你小時候沒有得到關愛照顧，所以長大後會很悲慘。」你所說的意思其實是，如果人在小時候遭到侵襲式對待、照顧方式混亂或疏忽，或如果童年沒有人抱，那麼將對大腦造成生理上的影響。

培理醫生：沒錯。童年經歷確實會對大腦產生生理上的影響。

歐普拉：因而也會影響我們之後的人生。

培理醫生：確實會。我們的早期發展經驗，尤其是觸摸與其他基於人際關係的感官信號，包括照顧者的氣味、搖動嬰兒的方式、餵嬰兒時所哼的歌，這些當寶寶有需要時他們所給予回應的任何獨特方式——全都是會影響結構的經驗，有助於建立嬰兒的「世界觀」，也就是我們之前說過的「解碼手冊」。

這裡也是像蓋房子一樣。胚胎腦部發展非常迅速，就像為建築打地基。出生之後頭兩個月，就像在豎立框架。第一年，你和其他人的所有互動都像是在裝設電線、水管。所有這些對建造房屋而言都很重要。雖然還沒有全面完成，但建築物最重要的特性都已經就位。兩歲的孩子還沒有發展完成，但基礎建設與系統都已經存在了，這些將成為未來發展的基礎。

蓋房子的時候，如果地基沒有做好，裝設的電線與水管也都是爛東西，只是鋪設漂亮的地板、擺上美觀的家具，當你第一次走進去的時候，或許看不出房子的缺陷。然而，這些初期建設的狀況，後來勢必會導致問題。幼兒也是同樣的道理。說真的，人類功能的所有面向都受到早期發展經驗的影響——無論是一致、可預期、關愛的互動，或者是混亂、威脅、無法預期、缺乏愛。

當遭遇挑戰或壓力源，我們會因而失去平衡，內在壓力反應將會啟動，以便讓我們恢復平衡。當沒有重大壓力源——沒有無法滿足的內在需求（飢餓、口渴等等），沒有外在困難或威脅——我們將處在平靜狀態。當挑戰與壓力提高，我們的內在狀態將改變，從警覺到極度恐懼（見圖6）。

壓力反應系統呈現神經典型（Neurotypical）[1]的人，壓力程度與內在狀態改變會呈現線性關係（直對角線）。舉例來說，當面對適度壓力源時（1），相應程度的啟動會讓人進入警覺狀態。若是創傷歷史導致壓力反應系統過度敏感的人（上曲線），就連最基本的日常挑戰（2）也會引起恐懼狀態。壓力反應過度敏感的人，即使只是適度壓力（3），也會引起極度恐懼反應。這樣的過度反應將導致他們情緒、行為與身體健康方面的問題。

1 最初是自閉症社群用於指明那些不在自閉症譜系上的人。其後發展為泛指無神經學特異表現的人。

| 圖 5 |

狀態—反應曲線

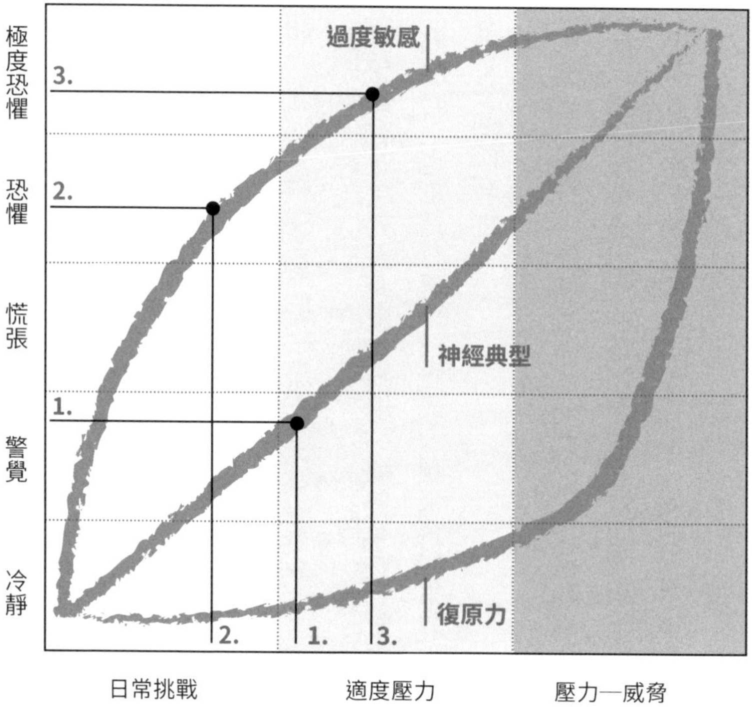

歐普拉：對！被愛的方式——會造成很大的不同。在所有訪談中，我都有同樣的經驗，功能失常嚴重的程度，可以直接反映出一個人如何被愛或不被愛，是否有得到成長茁壯所需的一切。

培理醫生：無論給予愛或感受愛，都必須要有能力對另一個人類表現出注意、用心、理解、回應。這樣的人際黏膠對於人類物種的生存非常重要——對於個人的健康與幸福也是。這樣的能力建立在你曾經經歷過的遭遇上，尤其是童年。

歐普拉：談到這個，我想到有一次有人要求我列出「歐普拉秀」當中，我最喜歡的時刻。我選的都不是最熱鬧的，也不是有驚喜來賓或大咖來賓的集數——而是安靜的談話。我第一個想到的就是穀圈圈女孩。

十一歲的凱蒂和哥哥柴克來上節目，幾個月前，他們的母親凱絲琳過世了。他們告訴我，在凱絲琳過世之前，還剩幾個月生命的時候，他們決定要用這段時間全家一起去旅行。我問凱蒂那段時間裡，她最喜歡的時刻是什麼。她的回答讓我靈光乍現，發出大大的「啊哈！」。

「有一天我去游泳，回去的時候媽媽躺在床上。她問：『凱蒂，可以幫我倒一碗早餐穀片嗎？』我說：『沒問題。』後來，在她過世前一個星期，我去爸媽的臥房，我說：『媽，如果妳要下樓去吃早餐穀片，可以叫我起來嗎？』她答應了。凌晨兩點的時候，我們一起吃了一碗穀圈圈。」那家人一起去了很多地方，但凱蒂最難忘的，卻是母女相處的日常親密時刻。

培理醫生：這是很好的例子，充分說明愛的黏性。就是這種微小的時刻，當我們感受到另一個人全心全意的陪伴，徹徹底底的用心、連結、接納，這樣產生的紐帶最強大、最持久。

歐普拉：那個穀圈圈時刻之後過了二十年，我們再次訪問凱蒂。她告訴我們，雖然她的個人生活中有許多艱難的時刻，但她依然相信，人生中那些微小但意義非凡的時刻所產生的感情連結，具有深刻的力量——也就是你所說的那種安全、呵護、全心全意陪伴的時刻。

培理醫生：我很喜歡這個故事，因為它充分表達了這些特殊時刻有多重要——最強大、最持久的人類互動通常很短暫。就算花好幾個小時和一個人在一起，但如果不夠全心全意、用心投入，那麼，這好幾個小時所產生的力量，可能還比不上吃一碗穀片的短暫時刻。

歐普拉：如果從來沒有這樣的穀片時刻——如果孩子出生在混亂、迷惑、暴力、崩潰的環境中，既沒有正常也沒有調節——等於注定要失敗。因為你腦中的網路沒有組成應該要有的樣子。

培理醫生：沒錯。那樣的環境可能導致基礎薄弱或接線錯誤，可能造成危及一生的風險。這種危險很大一部分來自於照顧者混亂、無法預期的照顧方式，影響到發展中的壓力反應系統，以致於變成過度敏感。

歐普拉：說明一下是如何發生的。是什麼樣的狀況？

培理醫生：好，我們再回到神經可塑性——先記住，神經可塑性基本上就是大腦變化的能力。神經可塑性很重要的一個關鍵原則，就是啟動模式的影響非常大，會左右神經網路變化的方式。

例如說，以適中、可預期、能控制的方式啟動壓力反應系統，可以製造出更有彈性、更強大的壓力反應能力（見圖3），當面臨極度壓力源時能展現出復原力。這就好像為我們的壓力反應系統做重訓；我們加以訓練，讓系統變得更強大。當我們面對適度挑戰並成功度過，這樣的次數越多，面臨更大的挑戰時，應對能力就會更強。在很多領域都能看到這樣的現象，體育、表演藝術、臨床治療、救火、教學——幾乎所有人類致力的領域都會看到；經驗可以改進表現。因此，壓力絕對不是必須恐懼、或逃避的東西。造成問題的原因是能不能控制、有沒有模式，以及壓力的強度。

很可惜，太多人的壓力啟動模式難以預期、無法控制、時間過長、強度極端。

許多年前，醫院通知我去察看一名住院病童，十三歲的男孩傑西。他和寄養家庭的父親發生肢體衝突，頭部受創而陷入昏迷。

傑西出生的家庭，連續好幾代都有性侵、性剝削的紀錄，涉及兒童人口販運與兒童性交易。傑西五歲時，警方的調查行動發現，他的父母一直將他賣給別人進行性交易。

傑西接受家外安置，進入寄養家庭。他在體系中被踢來踢去，經過三次失敗的安置，終於進入專門接收高需求兒童的家庭。那對寄養父母另外還照顧九名兒童，其中許多有重度發展問題——語言發展遲緩、爆發性與侵略性行為、塗抹糞便。這些孩子全都是因為「無法控制」自身行為而被送來這裡；這個家庭紀錄良好，善於照顧「困難」兒童。

但實際上，這個家庭以恐嚇、凌虐的手段「管理」兒童。任何一點輕微的「違規」，就會被罰不准吃飯；還經常以凌虐手段體罰，為了消耗兒童的體力而強迫運動，「不乖」的孩子被迫睡在戶外雞舍裡。冰箱上了鎖，以免兒童「偷竊」食物；這對夫妻甚至鼓勵親生子女參與羞辱、凌虐寄養兒童的行為。

傑西數次企圖逃離這個地獄。晚上，他們會沒收他的衣服、鞋子，想藉此阻止他逃跑。他還是逃了，但每次都被抓到並送回去。有一次，在冬天的時候，他只穿內褲赤腳逃到馬路上，一位郡治安處的副警長發現他。傑西說出受虐的事，而副警長斥責傑西說謊、污衊收留他的善良寄養父母。那天晚上他回到那個家，他在祕密日記裡寫下：「為什麼上帝討厭我？」

這個受虐的故事非常令人心痛，那麼，我們先暫時放下傑西的痛苦經驗，談談我們的壓力反應系統如何幫助我們撐過這種持續的創傷。我們已經談過了反擊或逃跑反應，這個詞是壓力研究先鋒沃爾特・B・坎農（Walter B. Cannon）於一九一五年提出的。他用這個句子描述人在遭受威脅時的急性壓力反應，以及隨之產生的生理變化。我們稱之為激發性反應（The Arousal Response）。

我們之前提到過，當激發性反應發生時，大腦會專注在威脅上，關閉來自身體與外界的其他非必要輸入。為了準備反擊或逃跑，我們的心跳會加速，釋放出腎上腺素以及其他壓力相關的荷爾蒙，也釋放出儲存在肌肉裡的醣類；血液轉向輸往肌肉。整體反應集中在外部。

當感覺到威脅時，每個人幾乎都經歷過這樣的反應啟動，只是程度可能不同，無論是看牙醫、小車禍、快要考試、激烈爭吵，或是即將公開演說。你會感覺掌心冒汗、心跳加速；你會感到焦慮或緊張。這些全都是因為激發性反應啟動了。

當然啦，一般普通人不會在幾秒內從平靜變成反擊狀態（見圖5、6）。當遇到潛在威脅時，我們的內在預設行為是從眾（Flock）。

歐普拉：等一下。請解釋什麼是從眾。

培理醫生：記住，我們人類是社會動物。我們會感染到其他人的情緒；我們時時刻刻都在觀察人際關係的環境，尋找認同和歸屬——就像妳之前所說的，「我表現得好不好？」

因此，當出現出乎意料、令人困惑或是潛在威脅的信號，我們會向他人求助以判斷情勢。我們會看著別人——尤其是他們的臉部表情——尋找可以解釋狀況的情緒線索。就好像妳和蓋兒聽到很扯、很不恰當的言論時，會互相用眼神表示，「妳有沒有聽到？」或「他真的說了那種鬼話？」。

如果沒有其他人在場，或是已經確認有威脅，就會跳過從眾這一步，搜查環境，設法理解潛在威脅。

接下來，你可能會僵住。想像你在黑暗的停車場聽見奇怪的聲音，於是你停下腳步。

你的思考暫時像氣塞一樣鎖死。當進行激烈互動，雙方意見衝突時，也可能會發生這種僵住的現象。你或許覺得自己沒有加入爭吵，但突然有人問：「那麼，你怎麼想？我們該怎麼做？」因為你還來不及思考、反應，因此你只是愣住、無法動彈。你的回答往往不太「聰明」；別忘記，我們越是感到威脅或壓力，就越難啟動腦中聰明的部分，也就是皮質（見圖6）。

當你感覺到更多威脅，最終會進入反擊或逃跑狀態。如果要簡單說明整個激發反應的過程，可以想像一下在森林遇見一頭鹿的狀況。鹿高度警覺，總是成群結隊。當牠們聽見聲音，或察覺另一頭鹿的行為改變，牠們就會僵住。這樣有助於讓牠們確認潛在威脅的來源，並且讓以視覺為基礎的掠食動物難以看見牠們。如果威脅持續，牠們就會逃跑。倘若將一頭鹿逼到無處可逃，牠就會反擊。從眾、僵住、逃跑、反擊（見圖6）。

現在再回到傑西身上。在這個寄養家庭的期間，他主要的壓力反應方式是激發性。經歷過抵抗與逃家——逃跑，最終他進入反擊階段。

這個家庭最常用來控制兒童的手段，就是耗盡他們的體力。固定強迫運動——尤其喜歡逼他們反覆跑樓梯。有一天，傑西終於受夠了。他跑到樓梯頂之後，拒絕繼續跑。寄養爸爸對他大發雷霆，但傑西不肯退讓。他們打起來。傑西跌下樓梯，也可能是被推下去的。他頭部嚴重受創，導致昏迷住院。

我們之前討論過，我們的大腦使用兩種關鍵策略幫助我們理解世界。第一種，是將同時發生的感官輸入建立聯想，以我們的經驗形成「記憶」。第二種，是使用儲存的記憶將新經驗分類、解讀。倘若新輸入的資訊與先前的經驗夠類似，大腦就會將新經驗歸類為與過去的經驗類似或相同。

傑西有兩組創傷記憶：一組是幼兒時期受虐，另一組則是在寄養家庭受虐。當他年紀還小的時候，反擊或逃跑回應不適用——因為無論他抗拒、哭泣、踢打、試圖反抗，全都起不了作用，反而會招來更多痛苦與傷害。幸好，我們的大腦有另一套截然不同的壓力反應，也就是之前說過的解離反應。

解離是複雜的精神能力，日常生活中也會用到。解離也就是與外在世界分離，專注於內在世界。當我們做白日夢的時候、當我們允許心思漫遊，這就是一種解離。和激發反應一樣，解離反應也是一種連續性的過程。當壓力或威脅增強，解離反應會讓人越來越深入保護模式。

在激發反應下，生理變化增強我們反擊或逃跑的能力，而解離反應則是幫助我們休息、充電、受傷後存活、忍受疼痛。激發反應讓心跳加快，解離反應則是減慢。激發反應將血液送往肌肉，解離反應則是將血液存在軀幹，將受傷時失血的量降到最低。激發反應釋放腎上腺素，解離反應則釋放體內的止痛劑：內啡肽（Endorphins）與腦啡肽（Enkephalins）。對於四歲的傑西而言，受虐時只有解離這個選項——情緒上逃往內在世界。

傑西陷入昏迷時，我前往進行評估，因此能夠取得他的生父與寄養爸爸沒有清洗過的衣物。儘管傑西陷入昏迷，但接觸到這兩個人的氣味時，他在生理上依然有顯著反應。我將寄養爸爸的衣服放在他鼻子下面，他開始掙扎、呻吟，心跳從每分鐘九十下加快到一百六十二下；我相信，這樣的深層激發反應，來自於受寄養爸爸虐待的創傷相關記憶（如同第一章提到的羅斯曼先生，這些記憶儲存在腦部下層的區域）。當我將

慌張	恐懼	極度恐懼
邊緣系統（間腦）	間腦（腦幹）	腦幹
僵住（抵抗）	逃跑（反抗）	反擊
順從	解離（癱瘓／緊張症）	昏倒（崩潰）
情緒性	反應性	反射性
100-80	90-70	80-60

受到的威脅越大，控制的部位越是會從上層系統（皮質）轉移到下層系統（間腦與腦幹）。恐懼會關閉許多皮質系統。

狀態造成功能改變時所採取的適應行為，端看在遭受壓力或創傷事件的當下，兩種主要適應反應模式（激發與解離）中，哪一個處於主宰地位。

預設模式網路（Default Mode Network，DMN）是一個分布很廣的網路，主要在皮質。當人想到其他人、想到自己、回憶過去、規畫未來時，這個網路會變得活躍。

| 圖 6 |

功能取決於狀態

「狀態」	冷靜	警覺
主宰的腦部區域	皮質 （DMN）	皮質 （邊緣系統）
適應行為 激發式	思考 （創造）	從眾 （高度警覺）
適應行為 解離式	思考 （白日夢）	逃避
認知	抽象 （創造性）	僵固 （規律性）
功能智商	120-100	110-90

大腦的功能取決於我們所處的狀態。當我們從一種內在狀態移動到另一種時，大腦中負責「控制」（主宰）的部位也會改變。例如說，處在冷靜狀態時，你可以使用「大腦最聰明的部位」（皮質）進行思考與創造。當感覺遭受威脅，皮質系統會失去部分主宰地位，換腦中比較反應性的部分接手。隨著從冷靜到極度恐懼持續變化。

依據狀態而產生的變化，繼而影響到許多大腦管理的功能，包括解決問題的能力、思考模式（或認知），以及關注的範圍。整體而言，當一個人感他生父的衣服放在他的鼻子下面，他也做出反應——動作變少，心跳先是逐漸降低，然後驟降至一分鐘不到六十下。這樣的變化符合解離反應，由他受生父虐待的記憶所啟動。即使當皮質沒有作用（也就是熟睡或昏迷的狀態），但由於儲存於大腦下層系統的記憶，這些刺激信號依然誘發了行為、情緒、生理的複合反應。

我們在這裡想要說明的重點是，我們的特定創傷相關反應，取決於任何反應當下最主要的壓力反應。一個人可能同時受到多種刺激信號，引發非常不同的行為反應。一些創傷相關信號會讓人逃避、封閉，另外一些則會讓人憤怒、激動。每個人的創傷複合經驗都很獨特，就像指紋一樣。一個人受衝擊的程度，取決於經歷創傷的時機、性質、模式、強度。

傑西的故事繼續下去。他脫離昏迷狀態，但可惜留下了許多後遺症。最後，他去了一個銀髮退休社區，在那裡生活，並且擔任交通助理。他的恢復過程讓我們學到很多情感連結的治療作用。等一下談到療癒與恢復時，我們會再來看傑西的後續發展。至於現在，這個故事告訴我們大腦的可塑性非常驚人，希望的力量也很偉大。

歐普拉：我相信讀這本書的人大多想尋求的就是這個，希望無論他們有過怎樣的遭遇，依然有一絲光明引領他們前進。你所分享的故事，讓大家明白受過創傷的人不只自己而已。知道這件事之後，可以談一下創傷與恐懼嗎？我知道很多童年受過虐待的人，儘管威脅已經不在了，卻依然時時刻刻活在恐懼當中。可不可以說明一下，在恐懼中成長會對腦部造成什麼影響？

培理醫生：好。要瞭解像傑西這樣的孩子，這正是重點：他們總是處在恐懼狀態中。感覺安全的人與感覺害怕的人，他們在思考、學習、感受、行為等等方面都不一樣。

大腦的所有功能都會因狀態而改變。任何時刻，我們身體系統與心靈專注的整體情況，決定了我們身處的狀態——而狀態可能一眨眼就變了。最大的兩種狀態分類，就是清醒與睡眠。

睡眠可以分成幾個階段（例如，快速動眼期，Rapid Eye Movement，REM）。清醒也一樣；我們清醒時的激發程度也可以分成「階段」或狀態。圖6有詳細說明。這裡有很多資訊，其中一些要到後面的章節才會談到，所以我先大略介紹一下。

我們從最左邊的「冷靜」那一欄開始看。在這個狀態下，我們可能感覺平靜、放鬆，任由心思漫遊、飄盪；我們能夠使用大腦最聰明的部位，皮質。下一欄，「警覺」則是當我們專注在外在世界的某個面向——例如交談。這時候我們調節良好、處在平衡狀態，一天之中，我們大部分的時間都可以處在主動警覺與平靜的狀態。

偶爾我們會遭遇困難、驚嚇、威脅，這時便會移動到「慌張」狀態。在這種時候，我們的思考會變得比較情緒化，因為大腦比較下層的系統主宰了我們的功能。談話退化成爭論；爭論的邏輯又逐漸變得情緒性或人身攻擊。我們的行為變得較不成熟，而且經常說出或做出一些會招致後悔的事。

如果我們真正面臨威脅，則會前進到「恐懼」狀態。更下層的腦主宰我們的功能。我們解決問題的能力減弱；我們的注意力集中在當下。而在那個當下，這當然是合適的。然而，如果卡在這個狀態太久，就會出問題。這就是極端、長期的壓力模式可能造成的影響。想想傑西。他始終處在無法預期的狀態；無法控制疼痛、威脅、恐懼，有時甚至是極度恐懼。他的壓力反應系統適應這樣的狀態——變成過度敏感。傑西被卡在持續性的恐懼中。

現在，就像我們之前提過的那樣，在混亂、暴力、處處是創傷的環境中成長的孩子，他們在家中的適應方式，去到其他地方會變成適應不良——尤其是學校。「警覺」狀態的高度戒備，被誤認為是過動症；「慌張」與「恐懼」狀態的抵抗與反抗，被誤認為「對立反抗症」（Oppositional Defiant Disorder，ODD）；逃跑行為害他們被停學；反擊行為害他們被控告傷害。對創傷相關行為普遍的誤解，嚴重影響到我們的教育、精神健康，以及少年司法體系。

歐普拉：因此，我們需要**創傷知情**體系。我們不要再問「你有什麼毛病？」而是要問「你發生過什麼事？」。

Chapter 4

創傷光譜

創傷就像發生船難。你必須重建內在世界。

而重建的一部分，療癒的一個步驟，

便是要回去看那艘毀壞的船——以前的世界觀。

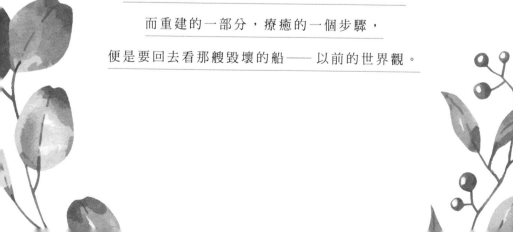

「她像烏雲一樣灰濛濛。」這個短短的句子，充滿沉重的真實，將我立刻拉進辛西亞．邦德（Cynthia Bond）的暢銷小說《露比》（*Ruby*）中。這是個令人心痛的故事，描述一位勇敢的女孩，一出生就遭遇悲劇，不斷對抗她所承受過的恐怖經歷以及內心黑暗面。辛西亞寫作這個故事時，運用了她多年服務街友與高風險少年的經驗——以及她自己身為性侵倖存者的經驗。

辛西亞來上我的讀書會節目，後來也為《O》雜誌寫了一篇文章，詳細描述她在精神健康方面所受的折磨。她寫道，很長一段時間她都不知道自己到底怎麼了，她只知道她透過「痛苦的稜鏡」看世界。

「很多年的時間，」辛西亞寫道，「我幾乎沒有睡覺，夜裡總是小心提防回憶湧現。有些早晨，我會覺得自己彷彿被重物壓在床上。我內心籠罩深刻的羞恥：為什麼我不能『振作起來』、『別再想』？別人失戀之後可以迅速揮別傷心，無論遭遇失業、房子被銀行收走，甚至更慘的事，他們都可以立刻重振旗鼓。我開始覺得一定是我的人格有問題。」

辛西亞祈求她稱為「痛楚」的感覺快點消失。許多人學會逆來順受，尤其是女性，戴上勇敢的假面具，辛西亞也不例外。然而，在最黑暗的時刻，她曾經考慮一死了之。

後來，她被診斷出憂鬱症與創傷後壓力症候群。確定病症之後，她生活中並非每個人都願意給她支持。「他們懷疑我說的話。質疑我的判斷、我的職業、以及我是否有能力養育孩子。有些人從此以不同的眼光看待我。」不過，隨著時間過去，辛西亞找到了她需要的支持。「我學到……我可以有感情，而且不必被感情壓得失去生活能力。我沒有做錯什麼。我沒有必要感到羞恥。」

辛西亞的故事讓我再次體認到，要面對過去的創傷是件多艱辛的事。許多人剛開始思考自己生命中的創傷時，都很難體認到早年的經歷與他們成人後做決定的模式息息相關。他們為自己的行為辯解：「大家都這樣吧？」也可能當遇到讓他們不舒服的狀況時，為了迅速逃避，他們會假裝沒事，想辦法（可能是健康的辦法，也可能是不健康的）安撫內心或乾脆掩埋。要與創傷和解絕非易事。

基本上，創傷就是情緒震撼之後留下的影響。如果不加以檢視，會造成生理、情緒、社交等等方面的嚴重後果。我成年之後的人生一直在聆聽、消化這些後果的故事——沒有解決的創傷所引起的災難。

對我而言，要探討「你發生過什麼事？」其實有兩種角度。一種是以科學解釋早年創傷對腦部的影響。另一種則是我們一生當中每天不斷進行的大量行為，可能是創傷的結果，也可能是反映出創傷。這些行為，表面上看似是錯誤決定、壞習慣、自我破壞、自我毀滅——受到其他人批判的行為。

正是因為如此，我才會如此強烈相信「你發生過什麼事？」的詢問方法；因為可以避免「你有什麼毛病？」的批判意味。

各種上癮、焦慮、憂鬱、憤怒、難以保住工作、不斷循環的惡質男女關係……我很確定一件事，那就是所有痛都是一樣的。我相信，幾乎所有毀滅性的行為當中都有大量痛苦，深深根植於自己沒有價值的感受。認為自己很努力所以應該得到幸福，與知道自己值得幸福，這兩件事並不相同。很多時候我們不准自己享受福氣，因為我們內心深處認為自己不夠資格。即使蒐藏了一堆好東西，塞滿整間房子，即使你的人生符合美好的框架，只要你曾經有過創傷卻沒有挖掘出來，你受傷的地方將會破壞你建立的一切。

這個章節的目的，是為了讓讀者辨認各種蛛絲馬跡，判斷是否可能受過創傷。我希望，藉由培理醫生這樣的專家所開發的工具，可以讓大家準確找出是怎樣的過去，讓你成為現在的自己。

當你回顧過去，要記住，無論曾經發生過什麼事，只要你還在這個世界上，依然活著，你就有價值。要記住世上一定有希望。就像辛西亞所寫的：「身心健全絕非不可能。只要一次一步，慢慢就能做到。」

——歐普拉

歐普拉：我和你討論創傷超過三十年了。我記得你曾經說過，十八歲以下的兒童當中，將近四成曾經有過某種創傷經驗。這個數字非常驚人。

培理醫生：很可惜，事實證明，我錯了；後來我們發現這個數字其實低估了。全國兒童健康調查（National Survey of Children's Health）最近的研究發現，在美國，將近五成的兒童曾經有過至少一次的創傷經驗。而更近期由美國疾病管制與預防中心（Centers for Disease Control and Prevention，CDC）於二〇一九年所做的研究，則發現將近六成的美國成人表示曾經有過至少一種童年負面經驗（Adverse Childhood Experience，ACE），幾乎四分之一表示有過三種以上的童年負面經驗。疾管中心的研究人員相信這些數字還低估了，如此一來更是令人憂心。

歐普拉：我們來拆解一下你所說的創傷是什麼意思。即使我們經常聽到這個詞，但很多人依然不太清楚真正的定義。童年負面經驗和創傷是一樣的嗎？

培理醫生：妳確切指出了對我們這些研究人員而言非常重要、非常困難的問題。正如妳所說，創傷這個詞現在用得太隨便。大部分的人認為創傷就是不好的事件或經驗，通常會「黏著不放」，也就是說無法輕易忘記，並且會造成長期的不良影響。

我們一直都知道，在戰爭中目睹過死亡、殺戮的人可能會從此改變。幾個世紀以來，善於觀察人類行為的人們留下紀錄，描述戰爭過後顯著的情緒與行為問題。西元前八百年，荷馬在史詩《伊里亞德》中描寫了英雄埃阿斯發生了創傷相關的情緒惡化。四百年後，希臘歷史學家希羅多德寫下，馬拉松之戰結束後，許多軍人發生類似創傷的症狀，包括歇斯底里的盲目、情緒倦怠。創傷相關的精神健康問題，在美國獨立戰爭後被稱為「內心躁亂」，第一次世界大戰之後則被稱為「砲彈恐懼」。

文學與電影中充滿了「創傷」故事。例如，幾乎所有超級英雄起源的故事都有創傷性失落。我敢說，除了辛西亞．邦德的《露比》之外，歐普拉讀書會一定還選讀過很多以創傷作為核心敘事元素的書籍；事實上，我敢說讀書會所選的書當中，有八成都是這種作品。舉例來說，諾貝爾文學獎得主史坦貝克的小說《伊甸園東》便是描述代際創傷（Transgenerational Trauma）[2]的傑作。

2 指心理創傷從第一代倖存者傳遞到他們的下一代，甚至不間斷地代代傳遞下去。

然而，學術界一直難以定義創傷，因此也無法全面瞭解。部分的難題在於，「不好的事」是很主觀的感受。

我們來舉個例子。想像一下，一間小學發生火災。資深消防員可以直接走向火焰滅火，對她而言只是很平常的事。然而，一位一年級的學生目睹教室起火，他會經歷幾分鐘的強烈恐懼、困惑、無助。這個例子說明了理解潛在創傷事件時的一個關鍵：個人對事件的感受如何。那個人的心理發生了什麼變化；壓力反應是否以極端方式或長時間啟動？

歐普拉：換言之，因為每個人的內在經驗都不一樣，因此長期影響也不一樣。

培理醫生：就是這樣。任何長期影響都取決於幾個要素，包括壓力反應的性質（例如說，激發或解離，也可能兩者混合），也要看反應的強度與模式。

想像一下，那位一年級學生的教室起火，他的反應絕對很驚恐，相對地，教室位在大樓另一側的五年級學生完全感受不到威脅。對他而言，火災幾乎是一件興奮的事，因為他距離直接威脅比較遠，所以整段時間他都感到很安全。

如此一來，三個人經歷了同樣的事件，每個人的經驗都不同，壓力反應也就不同。消防員有多年的實務經驗，因此壓力反應系統只做出適度的啟動；這次的事件可以預期、能夠控制。對她而言，這是一次有助於建立復原力的經驗，而不是創傷。

對那位五年級學生而言，他的壓力反應系統短暫啟動。經過一週左右，這次事件引起的急性反應已經消失了；他回到平常的基準，「恢復平衡」，沒有受到創傷。至於那位一年級學生，他的壓力反應系統高度啟動；他將發展出過度敏感的壓力反應系統（見圖3、5）。

歐普拉：那麼，我們可以說那場火災是創傷嗎？

培理醫生：對於一年級學生而言，確實是創傷，但對於五年級學生而言並不是。那位五年級學生發生了「急性壓力反應」，過幾個星期就會回歸基準。至於那位消防員，就像我們剛才說的那樣，對她而言這是一次有助於建立復原力的經驗。

這就是研究「創傷壓力」的難處。如果無法制訂出標準定義，要如何研究創傷的影響？

為了解決這個難題，物質成癮和心理健康服務部（Substance Abuse and Mental Health Services Administration，SAMHSA）召集了一群學者與臨床醫療人員。他們制訂出創傷的「三E」定義，清楚表明我們剛才討論的重點：創傷有三個關鍵——事件（Event）、經驗（Experience）、影響（Effects）。無論是臨床工作或學術研究，都必須考量這三個彼此相關的因素如何交錯複合。

我知道，這樣的方法太複雜也不夠好。定義創傷的難題依然沒有徹底解決，因此，導致大家繼續以令人迷惑的方式使用這個詞。

例如說，我們談話的當下正處於全球疫情大流行的狀態，有些人在文章中說，高中和大學畢業生無法舉行畢業典禮是一種創傷。也有人說在學校戴口罩會導致學童創傷。更有人說，疫情對所有人都是一種創傷。

而其他人，例如我，會說先等一下，這些事雖然很麻煩、很惱人，甚至很悲劇，但不見得會造成創傷，更不可能讓每個人都受到創傷。全球疫情大流行在許多方面都是共同體驗的事件，但每個人的經驗則各自獨特。很多人沒有生病、失業、流離失所，也沒有家人、朋友染疫過世。像我這樣好命的人，特權會被揭露，而其他人的脆弱之處也會藏不住。公共體系中的偏頗與缺陷也會被放大。對於那些資源最少的人，疫情比較可能成為創傷。但對於大部分的人，這次的經驗雖然會造成壓力，但不會產生創傷。

對我而言，理解創傷脫離不了研究事件對壓力反應系統所造成的特定改變。這些事件，有些很重大，所有人都能看見，例如遭到父母肉體虐待。但我相信比較低調、看不出來的經驗，也會引起創傷，例如貶低、羞辱，以及父母造成的其他情緒虐待，或者是身為主流群體中的非主流兒童所感受到的邊緣化（身為「外人」的成長經驗，會導致壓力反應系統過度敏感（見圖3））。這些都會對大腦與身體其他部位造成長期的創傷後影響。

對健康造成的實質影響，還要考慮其他許多因素，包括了「基因脆弱性」（Genetic vulnerability）、創傷事件發生在成長的哪個階段、之前的創傷歷史、家人的創傷歷史，以及健康的關係、家庭、環境的緩衝能力。不過，瞭解壓力模式如何影響調節或平衡，這是理解人生遭遇與健康關係的關鍵——心理、生理、社會，在所有領域皆是。

根據估計，四成五的兒童精神健康疾病，與三成的成人精神健康疾病，童年負面經驗都對其有重大影響。這樣的估計符合其他研究的結果，童年創傷或童年負面經驗會提高發生精神疾病的風險，諸如嚴重憂鬱、焦慮、精神分裂，以及其他精神疾病。

歐普拉：現在，我們來談一下童年負面經驗吧，簡稱ACE（Adverse Childhood Experience）。請大致說明一下童年負面經驗是什麼，而相關研究如何幫助我們更加理解創傷對健康的影響。

培理醫生：第一次的童年負面經驗研究於一九九八年出版。作者創作了一份只有十道題目的簡單問卷，列出在十八歲之前可能遭遇的「負面經驗」（見圖7）。在初版研究中，一萬七千名成人填寫了問卷，並取得一到十的ACE分數。然後，作者進一步檢視這些成人的身體、精神與社會健康狀況。

這份最初的童年負面經驗流行病學研究，發現了ACE分數與成年後九大類死亡原因之間的關連。也就是說，童年時經歷的負面經驗越多，成人後的健康風險越大。後續以同樣的資料所做的研究，同樣顯示出成人ACE分數與各種風險的關連，包括自殺、精神健康問題、物質濫用與依賴，以及許多其他問題。

這些童年負面經驗研究，是我們有生之年最重要的流行病學研究。之後也重新做過很多次。一開始，醫學界與一般民眾都不重視。然而，最近十年，這份研究逐漸廣為人知；但是卻廣泛遭到誤解。

歐普拉：怎麼說？

培理醫生：一開始，由於研究設計的問題而導致一些抵制。因為做這份問卷的人幾乎全都是中產階級白人，因此有人質疑研究結果是否適用於其他人口群體。另一個問題則是ACE問卷只列出十種負面經驗——遺漏了其他許許多多潛在的創傷經驗。不過，對這份研究最大的誤解在於，人們會混淆相關性與因果性。ACE分數高不代表一定會得心臟病；只是代表得心臟病的風險較高。

歐普拉：我大概明白為什麼會有誤解。

6. 父母是否曾經分居或離婚？

否0分，是1分

7. 你的生母或繼母，是否經常或很常被推、被抓、被打耳光、被丟東西？偶爾、經常或很常被踢、被咬、被拳頭打或被其他堅硬物品打？她們是否曾經被反覆毆打超過一分鐘，或甚至被人拿槍或刀威脅？

否0分，是1分

8. 是否曾經與酗酒或酒精上癮的人住在一起，或是吸毒的人？

否0分，是1分

9. 家中成員是否有人憂鬱或罹患精神疾病？是否有人企圖自殺？

否0分，是1分

10. 家中成員是否有人入獄？

否0分，是1分

回答「是」的分數即為 ACE 分數。

｜圖 7｜

童年負面經驗調查

你十八歲之前，是否曾遭遇……

1. 父母或家中其他成人經常或很常咒罵、侮辱、奚落、貶低你？或是他們的行為讓你擔心會受傷？

否0分，是1分

2. 父母或家中其他成人經常或很常推你、用力抓你、打耳光、對你丟東西？或是把你打到瘀血、受傷？

否0分，是1分

3. 是否有成人或比你年長五歲以上的人曾經亂摸、撫弄你，或者要你以帶有性意味的方式摸他們的身體？或企圖與你真正發生性行為，包括口交、肛交、陰道性交？

否0分，是1分

4. 是否經常或很常覺得家裡沒有人愛你，沒有人認為你很重要、很特別？或是家人之間不會互相照顧、親近、支持？

否0分，是1分

5. 是否經常或很常覺得吃不飽、要穿髒衣服、沒有人會保護你？或是父母因為酒醉、嗑藥而沒辦法照顧你，或是在你需要看醫生時無法帶你去？

否0分，是1分

培理醫生：個子高的人不一定都很會打籃球；會打籃球的人也不一定都個子高。但整體而言，相較於平均身高一六五的隊伍，平均身高一九五的隊伍在大學籃球比賽中表現良好的可能性比較高。同樣地，ACE五分只代表你可能比ACE一分的人辛苦。

我們循著這條線路繼續思考。如果你找出大學校園裡所有身高一九五的學生，其中只有幾個人會是籃球校隊選手；而其他很多人可能協調不佳、不善運動。ACE分數也是同樣的道理。許多ACE五分的人身體健康、事業有成、個性陽光，沒有特別辛苦；而一些ACE一分的人卻有重大問題。

我要再次強調，童年負面經驗研究極為重要。然而，ACE分數無法預測個人的未來狀況，也無法作為臨床工具。這份研究只是以非常表面的方式一窺「你發生過什麼事」——要真正瞭解我們的個人生命旅程，需要深刻、長期的探討。想想看，如果妳訪問來賓的時候，只是給他們一張問卷，上面只有十個問題，每位來賓只得到一個數字，那樣不是很表面、很奇怪嗎？ACE分數無法說明他們的故事，那個數字不可能成為他們的故事。

ACE分數無法看出壓力與痛苦發生的時間、模式、強度，也看不出是否存在緩衝或療癒因素。這份問卷缺少很多預測健康與風險的重要變數。

我們的工作中有兩個很好的例子。多年來我們從二十五個國家、七千多位個案蒐集發展數據，其中包括幼童、兒童、青少年、成人。我們詳細記錄創傷與負面經驗的歷史，也記錄「關係健康」的歷史（基本上就是情感連結——例如，與家人、社群、文化連結的性質、品質、數量）。

我們最重大的發現就是，相較於負面經驗的歷史，一個人的關係健康歷史——與家人、社區、文化的連結——更能預測精神健康問題（見圖8）。我們有另一群人員負責研究正向關係對健康的影響力，而他們也有類似的發現。情感連結的力量，可以制衡負面經驗。

我們的第二個重大發現則是，要判斷整體風險，負面經驗發生的時間至關重要。簡單地說，在兩歲時經歷的創傷，對健康的影響會大於十七歲時經歷的創傷。很可惜，童年負面經驗問卷無法看出這個特點，因為問卷只是簡單詢問是否曾經在十八歲之前遭遇過那十種負面經驗。

如果進一步深入觀察發展性風險發生的時間點，就會發現一個非常震撼的現象。基本上，我們發現人生最初兩個月的經驗，對於長期健康與發展有著不成比例的巨大影響。這種現象與早期大腦迅速發展有關，以及非常重要的核心調節網路（見圖２）組織架構。

人生最初兩個月當中經歷低度負面經驗，並且有健康的人際關係連結，然而接下來十二年都承受高度負面經驗的孩子；以及在人生最初的兩個月經歷嚴重負面經驗，人際關係緩衝極少，但是接下來十二年都在健康的環境中成長的孩子；相較之下，後者的結果會比較差。

想想看，只經歷了兩個月惡劣經驗的孩子，卻比經歷過將近十二年的孩子來得嚴重，全都是因為經驗發生的時間點。

這樣聽來或許令人沮喪。不過我們相信悲慘結局絕非無法避免；事實上，我們相信這是非常完美的例子，可以說明為何需要發展導向、創傷知情的系統。

| 圖 8 |

成長期經驗的影響

負面經驗與情感連結間的平衡

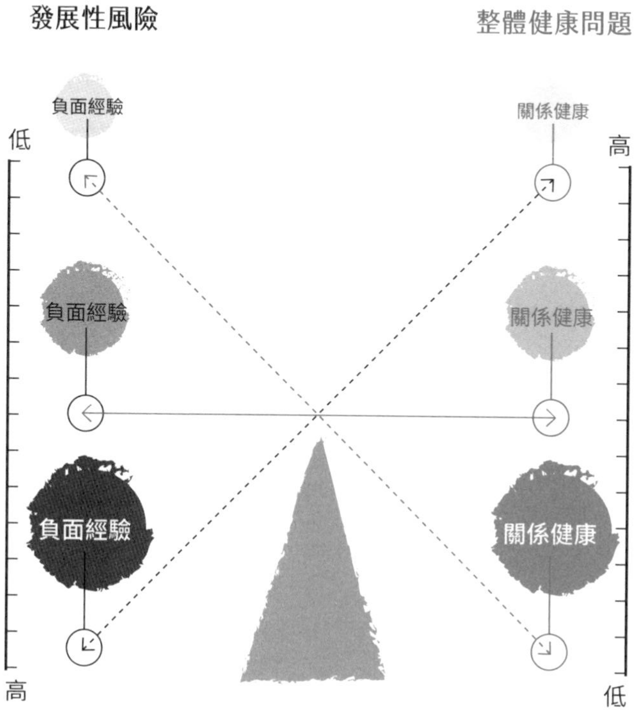

成長過程中，若有高度情感連結與低度負面經驗（藍色虛線），那麼，精神、社會、生理上的發展風險便會偏低。相反地，高度負面經驗與極低的情感連結（黑色虛線）則會提高風險，並且整體健康可能會發生重大問題。

回想一下，我們之前討論過，用心、勤於回應的照顧者給予的經驗，對於嬰兒的壓力反應系統的組成有多重要。別忘記，倘若在人生最初兩個月的經驗中有著不一致、無法預料的壓力，這樣的啟動模式將造成過度敏感的壓力反應（見圖3、5），更會進一步導致一連串問題——創傷相關問題。即使這些孩子已經脫離了高風險環境，照顧者、小兒科醫生、精神健康相關人員、教育相關人員依然需要處理這些問題。但倘若這些人誤解了問題所在，倘若體制將焦點放在「你有什麼毛病？」——很可惜，通常都是這樣——那麼孩子絕不會好轉。他們將繼續痛苦掙扎。如果無法以發展導向或創傷的角度看待他們的情緒反應與行為問題，很可能會導致輔導無效。

我們相信，倘若在他們的成長期，家庭、學校、保健與精神健康體系不要再問「你有什麼毛病？」而是改問「你發生過什麼事？」那麼，這些孩子或許可以擁有比較幸福、健康的人生。

我們體認到童年極早期的力量與潛能。想想看，短短幾個月裡，年輕父親或母親所給予的一致性、可預期支持有多重要。對孩子而言，這樣的照顧可以創造出正向的人生起步，並且在之後發展出更有復原力的壓力反應系統。而調節良好的壓力反應系統，將有助於大腦上層部位健康發展。

歐普拉：由此可以清楚看出預防的重要性。倘若可以在最初這幾個月給予年輕父母支援，就等於給予他們的孩子建立復原力的超級維他命。

培理醫生：最令我感到最神奇的，莫過於短暫但正向照顧交流的力量。我們研究的一些兒童，在人生最初的兩個月曾經得到用心認真、勤於回應的照顧——然後他們的世界毀滅了。最初兩個月的照顧之後，接下來是數年的混亂、威脅、顛沛流離、創傷，而另一些孩子在最初期經歷過創傷與忽視，接下來幾年都得到用心、支持的照顧；前者的表現遠勝於後者。時機真的非常重要。絕不能低估早期援助計畫的價值，即使正向交流只有短暫的「劑量」，依然影響深遠。

歐普拉：時機非常關鍵。但萬一在初期無法得到需要的東西，會發生什麼事？可以彌補嗎？創傷是可以治療的嗎？

培理醫生：當然。這是好消息，我們在後面的章節會進一步探討。不過現在，時間與時機的問題真的非常重要。關係連結與調節的相關神經系統對於當下的反應很強烈。

這表示有意義的治療互動劑量並非一週四十五分鐘。我們發現，當處理強烈創傷時，「可承受」的劑量只有幾秒鐘。

歐普拉：真的？

培理醫生：回顧因為創傷而破碎的人生殘骸時，頂多只能維持幾秒鐘，然後腦部就會開始運作，保護你免於痛苦。之前，我曾經治療一位三歲的孩子，當時我就看到了這種現象。

這個孩子和媽媽一起坐在家裡，突然有人闖入，他親眼看著媽媽被殺。案發之後不久，我們就開始和這孩子與他父親合作。大約六週之後，孩子的爸爸打電話給我。「我兒子想自殺，」他說，「剛才他企圖自殺。」

三歲孩子企圖自殺是非常罕見的事。我請那位爸爸告訴我事情的經過。他說：「我們原本在說想念媽媽的事，但他突然衝到車子前面。」我請他**詳細**說明。他告訴我，他們去超市買東西，結帳時孩子坐在推車裡。孩子看著收銀員說：「我媽媽死掉了。她被殺死了。」

收銀員說：「噢，寶貝。好可憐喔。」就這樣。不過，爸爸擔心孩子會不會還有別的話要說。他心裡想，**最好想辦法讓他說出來。最好把創傷說出來**。於是乎，去停車場的路上，他問兒子：「你想媽媽嗎？」

孩子沒有回答。爸爸接著說：「你知道，我很想媽媽，說出來吧，沒關係的。」

爸爸的語氣很溫柔，讓孩子想起和媽媽在一起的親情時光，但「回顧」那些感人的時刻，並非在孩子的控制下進行。他無法承受。爸爸說話的同時，孩子開始搖晃身體，然後呻吟、摀住耳朵、瘋狂擺動——全都是為了自我調節。

爸爸試著用言語安慰他。「沒關係，你可以說媽媽的事。」但孩子跳出購物推車，然後就像爸爸講的那樣，開始在停車場裡繞圈奔跑。

這樣的行為反映出激發反應啟動時可預期的後果。激發反應啟動時，大腦的上層部分會關閉（見圖6），下層的原始部分接管。這個可憐的孩子，他思考的部位關閉了。他不是打算自殺；他沒有任何**計畫**。他只是單純地想「逃跑」——逃離媽媽遭到殺害的痛苦畫面，而爸爸試探的問題讓他又想起來。

爸爸用意良善，但是以治療時刻而言，劑量不對。於是，我們又要回到時間的問題上。當那個孩子抬頭看收銀員，發現一個和媽媽年紀差不多的女性，頭髮顏色相同，這是觸發信號。一瞬間，他想起媽媽、想起謀殺。他看著收銀員，說了一句簡短的話——頂多五秒——並且得到安慰。這樣就夠了。殘破瓦礫中的一個小片段——在他控制下的治療回顧。因為透過這種可以控制的短暫回顧，過度敏感的系統才能緩慢、痛苦地「重設」。在理想的狀況中，生命裡那些有愛心、細心的人會形成一張網，提供千千萬萬個這種治療時刻。

思考一下，你是如何應付人生中的困難。當狀況變得難以掌控，你不會想要連續談論痛苦、失落整整四十五分鐘。你會想找個知心好友，花兩、三分鐘談談這件事的某個部分。如果變得太痛苦，你會退開，會想轉移話題。或許晚一點又會想說。要靠這樣的治療劑量，才能真正得到療癒。片段。全心全意，強大但短暫。

歐普拉：你剛才所說的話，讓我非常感謝蓋兒・金的友誼。自從一九七六年在巴爾的摩新聞臺認識她，她就一直是我人生中的一部分。即使現在我們一個住在東岸、一個住在西岸，在完全不同的時區，而且一樣非常忙碌，但我們還是每天都通話。我是她的心理諮商師，她是我的心理諮商師。我從來沒有去找過真正的諮商師，但我認為我們的友誼就是治療，當我們互相討論發生的事，互相來回交流想法——我認為這就是最好的處方。

培理醫生：妳們會先退開，然後再繞回來。

歐普拉：沒錯，先聊些其他好笑的事，這樣又會觸動新的想法。或許之後還會再回頭講痛苦經驗，也可能不會。經常和好姐妹聊天就是這樣。

培理醫生：沒錯。這就是療癒。這就是治療時刻的真髓。

歐普拉：聊完之後就會覺得輕鬆很多，因為抒發過了。你得到強化，就像那個小男孩，收銀員聽到他的話，給他安慰。

培理醫生：對！妳們之間有那種正向的人際交流，可以給予滋養。帶來獎賞、調節、團結。

歐普拉：剛剛我有了靈光乍現的「**啊哈！**」。其實你真正需要的是有人強化你的信念，讓你知道「嘿，我沒有瘋。我會有這種想法、感受，是因為過去發生的事，我的反應是合理的」。那個人會為你證實。

培理醫生：就是這樣，光是他們「看見」你這件事，就會帶來調節。對這個小男孩而言，經過很多年，與各種人千千萬萬次的正向互動，包括爸爸、祖父母、鄰居、朋友、老師，這些都會給予獎賞、調節、療癒經驗，這些都能幫助他。今天他已經是個健康、正向的青年了。失去母親的遺憾依然會讓他感到傷心、寂寞，但很快就會過去。在基準線上，他的個性開明、好奇、善良；他沒有感到調節不良或悲傷、損壞。正式的心理諮商持續了大約一年。但是這些治療時刻二十年來每天都會發生，並真正幫助他重建健康的內心世界，走出三歲那年被創傷毀壞的斷垣殘壁。

歐普拉：這個孩子有沒有創傷後壓力症候群？我們很多人所知道的創傷後壓力症候群都是發生在戰場老兵的身上，就像第一章的羅斯曼先生那樣。但我知道，任何年紀發生的創傷都可能導致創傷後壓力症候群，是這樣嗎？

培理醫生：沒錯，任何年紀發生的創傷，都可能導致我們稱為創傷後壓力症候群的各種症狀。而這個孩子也有。如果妳還記得創傷的三個「要件」，三Ｅ——事件、經驗、影響——創傷後壓力症候群屬於影響的部分。那是特定的併發症狀——幾種綜合症狀——可能會在一起或數起創傷事件後發生，那是一種精神疾病，列在《精神疾病診斷準則手冊》（*Diagnostic and Statistical Manual*，ＤＳＭ）中，大部分的臨床醫生都用這本手冊歸類精神健康問題。

診斷出有創傷後壓力症候群的人，在經歷過一起或數起創傷事件之後會出現四種主要症狀群。如同妳剛才提到的，因為機車回火而觸發症狀的韓戰老兵麥克・羅斯曼，他就有創傷後壓力症候群。

第一種稱為「創傷經驗再體驗」症狀。包括突然想起與創傷事件相關的影像或念頭，也會做夢或惡夢。可以將這些症狀視為大腦努力在理解世界。通常當創傷事件發生時，因為威脅性太強、超乎我們平常的經驗，因此不符合我們慣用的世界模式。回想一下我們之前的討論，我們的心靈永遠在努力維持我們人生早期建立的世界觀。**人都是善良的。父母會保護我們。學校很安全。**心靈想看見我們相信的事，因此會緊抓著支持那些信念——世界觀——的事，忽視不符合的事。但創傷粉碎了這樣的內在地貌。世界觀破滅。**不能相信人。我怕我爸爸，他會傷害我。學校是我朋友被槍殺的地方。**

創傷就像發生船難。你必須重建內在世界。而重建的一部分，療癒的一個步驟，便是要回去看那艘毀壞的船——以前的世界觀。你在殘骸中走動，尋找還能用的東西，尋找自己的碎片。夢、創傷相關的侵入性畫面、重新經歷創傷的感受，這些都是你的心靈努力想理解新的現實。你重新造訪船隻殘骸，一一撿拾片段，放進改變之後的地貌中那個新的安全處。你建立新的世界觀，這個過程需要時間，需要多次造訪殘骸。這個過程需要無意識與有意識地重複「重演」行為，可能是書寫、繪畫、雕塑、演戲。一次又一次，重訪地震發生的地點，在殘骸中翻找，撿拾東西，送去安全的地方。這是療癒過程的一部分。我以簡化的方式說明，但其實這個過程非常複雜，之後專門討論療癒時會再談到。

第二種則是「逃避」症狀。我們相信這些症狀之所以會發生，是因為重新接觸了相關的人、地，或其他會讓他回想起原始創傷事件的東西。記得嗎？羅斯曼先生說他討厭國慶日。因為他有意識地察覺煙火是刺激信號，他逃避與煙火相關的慶祝活動。可以說，逃避是經歷過無法控制的創傷經驗之後，企圖找回控制的行為。妳大概還記得，逃避也是面對威脅時解離反應的一部分（見圖6）。當一個人處在無法避免、充滿壓力的狀況下，逃避行為可以作為保護。

一個人就算沒有直接接觸過去的創傷信號，依然可能發展出逃避行為。這種狀況通常是因為虐待或創傷發生在早期照顧關係裡。倘若兒童在親密關係中受到虐待（例如父親或母親），他們會覺得親密關係有威脅性——無論是情緒上或肉體上的親近。他們往往會渴望情感連結，卻在接近他人時感到焦慮、困惑、無法承受。他們會避免關係中的親密行為；倘若無法避免親密，他們便會破壞或損害那段關係。這是發展期創傷最常見、卻最少被重視的影響。

歐普拉：也就是說，當你罹患創傷後壓力症候群，之所以會在那一刻被觸發，是因為創傷的「回憶」被喚醒。每個人的反應都不一樣，因為創傷後壓力症候群的反應，取決於創傷事件發生當時你所受的影響。影響有多大，反應就有多大。

培理醫生：還記得我們之前談過「建立聯想」的事嗎？創傷經驗創造出一套創傷相關

的「記憶」；這些記憶與特定創傷事件發生時的壓力反應類型相關。我們回想一下傑西，那個昏迷的少年，他對刺激信號有兩種截然不同的反應。而麥克．羅斯曼的狀況，則是機車回火的刺激信號啟動了他的激發反應——因為他在戰場上被啟動的就是激發反應。槍響——或機車回火——導致心跳加速、想要躲起來的本能，等等。

但換作另一個病患，類似槍響的聲音可能引起截然不同的反應。我曾經有過一位病患，碧莎，她是來自索馬利亞的難民，經歷過殘酷的種族戰爭。她無助地看著弟弟被迫槍殺父母。之後還發生了更多創傷，後來她終於逃到加拿大。碧莎和麥克．羅斯曼一樣，槍響成為她的刺激信號。不過，槍響觸發麥克的激發反應，但碧莎卻是解離並停止運作。她的創傷來自於無能為力、無法承受的痛苦。她的反應是逃往內在（見圖6）。她的心跳減緩，在最極端的狀況下，甚至昏倒。後來，當她聽見出乎意料的巨大聲響，與開槍所產生的聯想會讓她癱倒；她真的會失去意識。

我的一位同事，他是攝影記者，曾經前往最早的一座難民營採訪，裡面收容的是盧安達內戰的難民。他看到很多人像喪屍般漫無目的地走來走去，面無表情、安靜無聲。我的同事發現很多人戴著安全帽，他正想問的時候，營區周圍的叢林傳出槍響，好幾個人當場昏倒。他們之所以戴安全帽，就是為了防止倒下時傷到頭。

歐普拉：會發生這種狀況，是因為你所說的太過活躍、太過強烈的解離反應，對吧？

培理醫生：毫無疑問。說到這裡，又要回頭去看創傷後壓力症候群的症狀類型。我們已經討論過前兩種類型，「創傷經驗再體驗」與「逃避」，現在要談第三種：「負面認知與情緒」。這一類可能出現憂鬱症狀——悲傷、對任何事物都無法感到喜悅、罪惡感、過度著眼於負面事物。基本上是一種身心俱疲的感覺。

最後，第四種則是「過度警覺」。這類症狀之所以發生，是因為過度敏感的壓力反應系統太過活躍、太過強烈。症狀包括焦慮、極度防備、容易受驚、心跳過快與不規律、失眠。

當一個人四種類型的症狀都有，《精神疾病診斷準則手冊》便判定為創傷後壓力症候群。不過，千萬要記住，創傷對精神與生理健康的影響絕不只是創傷後壓力症候群。

我們在這一章開頭時討論過，創傷的負面影響也會對人生產生重大衝擊。事實上，創傷的長期影響，大多不會以創傷後壓力症候群的方式表現。

歐普拉：你在說話的時候，我心裡一直在想：憂鬱、焦慮、創傷後壓力症候群——談到創傷造成的長期情緒與精神影響時，幾乎一定會談到這三項。如此一來，我們已經知道有**五千萬**名兒童有過創傷經驗，也就是說，一定有千百萬的成人一生帶著傷痛，影響到他們的生活、工作、人際關係，然後又傳給下一代。而這些成人甚至根本沒有察覺自己發生過什麼事。

培理醫生：不只他們沒察覺發生過什麼事，他們的伴侶、醫生、同事也不知道，因此導致許多誤會。有時，這些誤會甚至會造成悲劇後果。

我們談了很多照顧者的行為如何影響兒童，但是要記住，這些照顧者曾經也是兒童，受到照顧他們的人影響。創傷的影響力時間很長、範圍很廣，跨越世代與社群，所以一定要回歸我們的核心問題，以同情理解的態度詢問：你發生過什麼事？

Chapter 5

將點連成線

當你思考你的個人反應模式，

學會在當下的感受與本能反應之間拉出一點空間，

就可以讓自己保持在現實中，並且最終贏得控制。

我長大成人之後，夜裡一個人獨處會讓我感到極大的壓力。即使是我住在芝加哥的那段時間，我的住處位在五十七樓，大樓有保全和門衛，但我依然無法感到安全。事實上，在那間公寓住了幾年之後，有一天夜裡，我感到非常害怕，甚至認定絕對要離開，否則會發生不好的事。我真的就跳下床、離開家，住進隔壁的飯店。我在飯店裡感到比較安全，因為沒有人知道我在這裡。我的恐懼毫無道理，而且越來越嚴重。我知道必須弄清楚是怎麼回事，但我不曉得該從何做起。

同時，芝加哥因為國內第一起校園槍擊事件而群情激動。一九八八年五月二十日，蘿莉・達恩（Laurie Dann）走進北岸郊區溫內特卡（Winnetka）一所小學的二年級教室開槍。六名學童遭到槍擊，其中八歲的尼克・寇文（Nick Corwin）身亡。

槍擊事件過後，憤怒又焦急的家長要求在校門加裝鎖與鐵鍊，並且派駐警衛看守。有一天，我看到一篇文章解釋為何校長拒絕採納他們的建議；他說在校門上加裝鐵鍊，等於表明校園不安全，會讓學生更加不安。

突然之間，毫無道理地，看著那篇文章，我哭了起來。

不只是因為受害兒童與家屬在慘劇發生後，努力撿拾破碎的人生，也是因為校長拒絕把學生關起來這件事，觸動了我早已遺忘的記憶，一件很多年沒有想起的事。

小時候我住在密西西比州，晚上總是和外婆一起睡。外公得了失智症，他睡在旁邊的小房間。有一天晚上，我突然驚醒，看到外公站在床邊。我還沒有睜開眼睛就感受到外婆的恐懼。我感覺到她提高警覺，緩緩重複：「爾利斯特，回去睡覺。爾利斯特，回去睡覺。」他不肯走。他企圖掐死她，拚命想扼住她的喉嚨。她好不容易推開他，急忙衝到門口，她大聲呼喚一位鄰居，我們都叫他亨利表哥。他住在前面不遠的地方。「亨利！亨利！亨利！」亨利是盲人，但他在深夜中毫不猶豫地趕來，幫助我外婆把外公帶回他的房間。外婆用椅子卡住臥房門把，還找來一些罐頭放在床鋪四周。第二天早上，她把那些罐頭串在一起，掛在門上。之後，我住在外婆家的期間，那些罐頭一直掛在門上，門把總是用椅子卡住。晚上睡覺時，我都會拉長耳朵，確認罐頭沒有動。

當我讀到校長拒絕加裝鐵鍊時，我感受到恍然大悟的「**啊哈！**」。外婆掛在門上的罐頭，傳達了校長不希望學生接收的那種訊息。鐵鍊或許可以保護學童，但校長認為，時時刻刻提醒學生創傷事件，讓他們相信自己有危險，這樣反而會造成更大的傷害。

我終於將點連成線，明白了為什麼晚上一個人在家會害怕。外婆遭受的攻擊，發生在我們熟睡、最沒有防備的時刻，那次的事件造成創傷，顯然留下了很深的情緒傷疤。即使長大成人之後，每當我要睡覺，心靈便會進入時時警戒的狀態，準備應付攻擊。

終於把點連在一起，並瞭解我無法入睡的原因與影響，帶來了很大的改變。雖然多年前在外婆臥房裡產生的深刻壓力源，依然會讓我有所反應，但現在我有應對的工具，也知道要先後退一步，觀察自己的感受，選擇如何度過恐懼。

當你思考你的個人反應模式，學會在當下的感受與本能反應之間拉出一點空間，就可以讓自己保持在現實中，並且最終贏得控制。

——**歐普拉**

歐普拉：過度強化的恐懼感可能繼承嗎？

培理醫生：呃，讓我稍微把這個問題擴大一點。

歐普拉：我早該知道！你絕不會簡單回答會或不會，對吧？你要把這個問題變得更複雜，是不是？

培理醫生：對。沒錯。因為妳的問題牽涉到「我們發生過什麼事？」——這個問題以很複雜的方式，影響我們變成怎樣的人。我們從上一代那裡吸收到東西，再傳給下一代。我們的基因、環境、社會、文化，全都是。所以妳的問題，恐懼是否會繼承，這是瞭解創傷的中心，尤其是「歷史創傷」。

我們就用怕狗來舉例好了。這樣的恐懼可能源自於親身經驗——例如小時候被狗咬。小孩的大腦在狗與威脅之間產生聯想，就像羅斯曼先生在戰鬥經驗中產生的聯想。但我們知道，有些人雖然沒有被狗咬過卻非常怕狗。這樣的恐懼是從哪裡來的？我會猜想可能是代際傳遞（見圖9）。例如說，想像一下，如果有一個世界，狗被訓練來獵捕、追蹤、攻擊人類。研究殖民與奴隸的頂尖學者泰勒．派瑞（Tyler Parry）曾經說過：

「獵犬是管理奴隸最有效、最能達到恐嚇效果的工具，可以馴服黑人的肉體，統治他們的空間。」幾個世代之後，狗同樣被用來製造威脅恐懼，阻止民權運動遊行，更加強化了許多人代際傳遞的怕狗情緒。如果妳還記得我們之前談過的，人會感染彼此的情緒，那也就不難想像孩子會「感覺」到恐懼，尤其是爸媽用力握住他們的手，或是催促他們快點過馬路，以免遇上遛狗的人。祖父母的恐懼成為父母的恐懼，又再成為子女的恐懼。

必須理解我們「繼承」什麼、**如何**「繼承」，才能夠洞察，進而進行有意識的改變——個人層級的改變（例如創傷後的療癒），**以及**文化層級的改變（例如找出根植於種族歧視的破壞性政策，並加以改變）。

歐普拉：這些年來，我和作家兼靈性導師依洋拉・凡讚特（Iyanla Vanzant）對談過很多次，討論為什麼我們在許多方面都是祖先的產物。依洋拉說：「每個家庭的思考方式都有模式與病理學可尋，信念與行為也會代代相傳，就像外型特徵一樣。」即使我們很喜歡讚揚先人的勇氣與成就，依洋拉說：「這些有意識與無意識的特徵，有的強大、有益。有些則不是如此。」

所以我很好奇科學家如何看這件事。從生物學的觀點，特定的心理特徵、情緒性格、行為模式，是否也會在家族成員間傳遞很長一段時間？

培理醫生：絕對會——一代又一代。而且，我們有許多管道「向下傳遞」這些特質（見圖9）。例如妳所問的恐懼。嚴格地說，當妳問我們是否會繼承恐懼時，等於是在問這項特性是否寫在我們的基因裡，從父母傳給我們。而答案或許會有點模稜兩可。

但如果我們稍微改變一下問題——恐懼是否會在世代間傳遞？父母親的恐懼是否會傳遞給子女？——那麼，答案是肯定會。

我們之前說過，在最深的核心，人類是重視關係的生命體——社會的動物。因此，我們在神經生物學上設定會在乎其他人。我們的大腦有一部分持續在監控四周的人。我們試圖理解其他人的用意與感受，這也是我們持續理解世界的其中一部分。我們察覺並吸收周圍那些人的情緒，而當對方是我們長時間相處的人、必須依賴的人，那就更是如此。尤其是兒童，他們非常容易感染周遭其他人的情緒。想一下剛才妳所說的故事裡，妳和外婆的感受。妳感覺到恐懼。她的恐懼傳給妳——妳「捕捉」到她的恐懼，並且帶進妳的世代。

歐普拉：沒錯，我能感受到她的恐懼。她是一個很強勢的人，是家裡的老大；她會出現那樣的反應很不尋常。所以我知道那個狀況很危險，我相信那次事件讓我連細胞都改變了。

當我思考美國非裔族群，我看出創傷可以回溯好幾個世代——一直到奴隸時代。數百年來創傷不斷內化，種族歧視、黑白分離、殘暴、恐懼、核心家庭被拆散——這一切先是以個人小單位不斷複製、重複，一次又一次，最終在社會的大層面上被看見、感覺到。正是因為這樣，二〇二〇年的「黑人的命也是命」（Black Lives Matter）抗議活動才會有如此強大的力量。個人的小單位與社會的大層面，痛苦同時達到最高點。

培理醫生：我認為，倘若我們更加瞭解這種痛苦——這種創傷——如何從一個世代傳給另一個世代，我們會有更好的機會進行有意識的改變，並且更有效地阻止。

一切都要回歸到**傳遞性**——情緒感染。當兒童在只說西班牙語的家庭長大，因此會說西班牙語，他們並非「繼承」西班牙語。將聲音與影像產生聯想的能力主要來自基因，

| 圖 9 |

代際傳遞的機制

基因

—— DNA

表觀遺傳學（修飾並控制基因表現）

—— 組織蛋白修飾

—— DNA 甲基化

子宮內

—— 母親的生活環境（如：壓力）

—— 環境毒素

—— 其他（如：酒精、藥物）

周產期[3]經驗

—— 情感紐帶與依附（塑造原始調節與關係核心）

出生後

—— 家庭媒介（如：語言、價值觀、信念）

出生後

—— 教育、環境、文化媒介

---

3 指妊娠後期至嬰兒出生後七天。

但是將那種基因能力變成語言的特定方式不是。沒有中文、英文、或西班牙文的基因。但語言有傳遞性。在人生早期，我們大腦皮質中與語言相關的系統就像海綿一樣，當我們與他人以使用語言的方式互動，系統便會隨之改變。我們和寶寶說話，就會改變他的大腦，讓他學會家人使用的語言。

這種隨經驗改變的過程，適用於許多其他特性，價值觀與信念也是如此。這些並沒有儲存在基因密碼裡——而是透過學習、吸收，有時加以修改，然後傳授給下一代，可能透過身教、刻意教學、習慣性等等方式。**確實**有些複合式的特性，例如利他主義，就需要基因超結構，但我們如何將這樣的特性融入複雜的信仰與實行——無論是佛教、基督教或伊斯蘭——這部分卻與基因無關。雖然當接觸到和家人、部落成員非常不一樣的人時，內心的提防與戒備或許有基因因素，然而，種族主義是學習而來的，那是相信有一群人比其他人優越，而種族主義的實行更是關乎權力、宰制與壓迫。

我們所講的語言、抱持的信念——無論好壞——都是透過經驗一代代傳承下來。人類經驗中有太多部分都是發明而來——相對於單純從我們的基因產生。一萬年前，人類有閱讀的基因潛力，但是地球上沒有任何一個人類能夠閱讀；彈鋼琴的基因潛力也存在，但沒有人能夠彈奏；灌籃、打字、騎腳踏車，這些基因潛力全部存在，但沒有表現出來。

相較於其他生物，人類更能夠累積先人的經驗，並加以去蕪存菁，然後將這些發明、信念、技巧傳給下一代。這是社會文化上的演化。我們向長輩學習，我們發明創造，我們將學習到、發明出來的東西傳給下一代。而讓這一切得以發生的器官，就是人類的大腦——特別是皮質。正如我們之前所說，皮質是人類身體中最獨特的部分，因此一點也不意外。皮質讓人類最獨特的各種能力得以發揮：口語表達、語言、抽象思考、反省過去、規畫未來。我們的希望、夢想以及很大一部分的世界觀，都是由皮質所產生的。

歐普拉：既然先人的經驗會影響我們的世界觀，那麼，如果連續幾代都是負面經驗，我們該怎麼辦？

培理醫生：首先，我們必須明白，我們世界中的每個部分都可能有強大的影響，而且往往是以未知的方式。

我們的媒體、我們的制度與系統、我們的社群——全部都有一些偏見的元素。有太多時候，我們傳承的語言充滿優越、統治、壓迫的意味，雖然難以察覺，但影響強大。

掌管閱讀、書寫、數學、歷史——以及信念和價值觀——的皮質具有很高的可塑性。我們都知道，只要經常看文字、試著發音、聽別人朗讀，遲早能建立神經生理學上的路徑，而學會閱讀。我們學習閱讀，以重複的模式刺激特定的神經網路，改變大腦。這是以經驗為基礎的技能代代相傳；教導兒童就是在改變他們的大腦。大腦改變之後，孩子長大就可以把學到的東西再教給下一代。這也是代際傳遞——將東西傳給下一代。

我們的信念也是如此，無論是具有人性、同理心的信念，或是仇恨、壓迫、毫無人性的信念。大腦像海綿一樣的特質，讓兒童學會父母的語言，而同樣的可塑性，也讓孩子從有影響力的大人那裡吸收信念，無論好壞。

因此，瞭解我們傳遞給下一代的方式很重要。如果想要強化傳遞人性與同理心的價值觀、信念與行為，減少傳遞仇恨、破壞性的信念，那就必須很注意孩子接觸到什麼。孩子有沒有認識和他們不一樣的人，並且花時間相處？他們有沒有看到大人尊重多元？還是說，他們從小就被教育要害怕、批判那些思想、外型、語言和自己不一樣的人？世代傳遞的偏見**確實**可以打破。我們可以停止將仇恨、破壞性、錯誤的信念傳給下一代，不過，如果要做到，我們就必須非常留意自己對嬰兒、幼兒的影響。我們必須謹慎看待雜誌中的圖片、進來家裡的人、我們如何對待外型不同的人。這還只是開始而已，我們的世界有太多需要改變的地方。但這些全都能夠影響代際傳遞的過程。

歐普拉：說到這裡，就必須提到我一輩子心中都很清楚的一件事：一切都很重要。你的遭遇、你母親的遭遇、外婆的遭遇，之前所有女性祖先的遭遇，父親也一樣——這一切都很重要。

培理醫生：我們本身的經驗與祖先流傳下來的經驗，都會影響我們的思考、感受、行為。這些都是決定健康與否的重大因素。意識到這件事，能有助於讓我們記住，現在我們所做的每件事都會影響到未來。我們的行動很重要；我們正在影響下一代。我們真的夠謹慎嗎？

歐普拉：我們的行動有非常大的漣漪效果——因此，我們必須瞭解自己曾經發生過的事，這是我們進步的關鍵。

培理醫生：這裡又要回到妳提出的那個簡單問題，「恐懼有可能繼承嗎？」——我們回過頭去繼續回答這個問題。

我們以許多方式傳遞「資訊」給下一代，其中最重要的是基因。我們的壓力反應系統有些部分是可以「繼承」的；有些基因機制會影響我們的核心調節網路（CRNs）如何運作（見圖2）。

有些人似乎擁有基因帶來的「堅毅」——能夠承受更大範圍的知覺複雜度與壓力源。要讓這樣的人調節失常，需要更大的刺激。另一方面，也有些人天生壓力反應就比較「敏感」，知覺複雜度稍有變化，他們就可能感到難以承受。有時候，這種人從一出生就會有所謂「難哄」的脾氣。

會影響壓力調節的因素，除了可以繼承的基因，還有同樣可以繼承的「表觀遺傳」。表觀遺傳是醫學界另一個廣泛使用、但理解不足的概念，因此我先來大致介紹一下。

人體內每個細胞都有同樣的基因，但並非每個細胞「啟動」的基因都一樣。這是因為有些基因專屬於骨骼，有些專屬於血液，有些專屬於神經，諸如此類。舉例來說，在發展期間，肌肉細胞中與肌肉細胞機制相關的基因會啟動，而血液、骨骼、大腦相關的基因則會關閉。當細胞成為「特定」類別，裡面的許多基因就會關閉。

然而，在一些狀況之下，例如飢荒，身體會傳送化學訊息給那些關閉的基因，下令重新啟動。**嗨，我們平常不需要你，可是因為現在鬧飢荒，我們需要以更有效率的方式運用糖分和脂肪，所以要讓你重新啟動，做那些工作。**這就是所謂的表觀基因改變——表觀基因的英文是epigenetic，其中epi在希臘文中是「之上」的意思，因為真正的基因沒有改變，而是基因「之上」的細胞機制可以將關鍵基因啟動或關閉。這些基因調整程序在我們體內持續運作，努力讓我們保持「平衡」——盡可能達到調節良好、身體健康的狀態。

我們之前講過，不同的壓力模式可能造成過度敏感或培養復原力。無論是哪一種，核心調節網路敏感度都涉及表觀基因改變。這又是一個例子，神奇的可塑性讓身體產生變化，以維持人的良好平衡。

在一些案例中，這樣的表觀基因變化會儲存於卵子或精子中，傳遞給下一代。想像一下，幾個世紀之前，一個年輕男性在非洲被捕捉，受到殘暴奴役，鐐銬加身、餓得半死，被運奴船送去另一個國度，在那裡過著毫無自由的人生，充滿失落、暴力，及多種形式的創傷。要在這種極端、多重、持續的創傷中生存——如同千百萬傑出人類所做到的那樣——為了適應而必須創造出一連串變化，甚至連基因表現調整也必須改變。我說明一下，基因本身不會改變，但是可以啟動或關閉。這個年輕人的兒孫依然受到奴役，忍受其他創傷，他們將會因為這些表觀基因與細胞的適應變化而受益。然而，我們之前討論過，持續敏感的壓力反應網路會造成代價。很可能過了幾個世代之後，在不同的環境之下，曾經為了適應而做的變化，反而會變成適應不良。

想像一下，當一個嬰兒一出生，他的壓力反應裝置便已經處於對付創傷的狀態，準備好面對無法預料、混亂、具有威脅的世界。如果世界已經不再是那樣極度混亂、充滿威脅、難以預料，那麼，為了讓寶寶能夠應付混亂而發生的表觀基因變化，可能會導致他創造「世界觀」的程序扭曲。表觀基因的研究還很新，仍有很多有待學習之處，但我們相信祖父母、曾祖父母，甚至更之前的祖先，他們的經驗對我們ＤＮＡ的表現有重大影響。回答妳一開始提出的問題，這也對我們的恐懼感有重大影響。

幸虧大腦依然可以改變。妳可能也預期到了，調整基因的表觀基因機制是可逆的——若是不可逆，那麼就無法提供太多適應優勢了。正如同威脅與創傷會導致表觀基因變化，關愛互動也可以加以逆轉。環境與挑戰會改變——如果我們要維持平衡狀態，那麼我們的生理機能也必須改變。

歐普拉：我們之前談過童年負面經驗會對我們造成怎樣的影響。現在我們討論的，則是情緒與行為模式、經驗、信念能夠從前代傳遞下來。這讓我更清楚瞭解到，在更深的層面上，理解一個人「發生過什麼事？」而不是「哪裡有毛病？」，這才應該是我們要優先做到的。然而，許多人沒有機會探討他們的遭遇，也無法理解曾經發生的事依然是他們的一部分，以及這些經驗並不是他們的錯。

那麼，當我們學習如何將現在的情緒、生理健康與過去歷史做連結，有沒有什麼潛在的問題需要特別留意？

培理醫生：重要的問題有很多，其中一個是我們與其他人產生連結的方式。發展期的創傷，會破壞我們建立並維持關係的能力。在孩子和照顧者的關係中，若是發生創傷或忽視，那麼，孩子腦中與解讀、回應他人相關的神經網路很可能會變化。當這些「依附」能力受損時，很多方面都會發生困難，包括交友、學校、工作、親密關係、家庭；甚至有重複代際虐待模式的風險。

歐普拉：有些人幾乎不可能順應潮流，也無法與人相處。他們會對老闆大發脾氣，作為朋友也不可靠。他們會毀壞新關係。

培理醫生：然而，通常這些人真的很想建立人際關係。他們甚至很善於展開關係；他們只是無法維持。可想而知，因為人類在核心裡是關係的動物，這樣的缺陷在生理與心理上，都會造成很大的傷害，導致孤立、失去連結、寂寞，以及各種其他問題，甚至有生理健康上的風險。

歐普拉：因此，除了精神健康領域之外，家醫、保健人員、各種科別的醫生，大家都不只要思考病患身體上的疾病，也要思考他們發生過什麼事。

培理醫生：是。生理健康也是另一個與發展性創傷息息相關的潛在問題。我們之前討論過，成長期的負面經驗，會使各種健康問題的風險增加，包括心臟疾病、氣喘、消化道問題、自體免疫疾病。瞭解其中的關連，能夠改變我們診斷與治療這些生理問題的方法。

糖尿病是很好的例子。全世界有四億一千五百萬人罹患這種疾病。美國的糖尿病患大約是三千四百萬人——略多於人口一成。另外，還有八千八百萬名美國成年人有前期糖尿病與心臟代謝疾病。倘若創傷使核心調節網路（見圖2）發生變化，便會造成廣泛的調節問題，包括調節血糖與釋放胰島素。糖尿病風險與糖尿病管理，都與負面經驗歷史有關。

歐普拉：好，我先打斷一下。因為我知道一定會有人說「糖尿病單純只是生理問題」。不過，這次的討論以及你三十年來的研究，都顯示出身心難以分離。生理健康與情緒健康緊密相關。

培理醫生：絕對是這樣。我知道大多數的人——包括許多醫生——在思考健康的時候，會將「生理」與「心理」徹底分開。舉例來說，解離反應過度敏感的人，經常會有創傷相關生理症狀，諸如頭痛、腹痛，但醫療人員卻往往不當一回事。這裡有一個很好的例子，一所醫學研究中心於二〇二〇年發下的腹痛教材。這所機構每天都在教育新醫生，而他們依然教授這樣的內容：「**發生反覆性腹痛的兒童與青少年，絕大多數有功能性腹痛或『非器質性』疼痛，即為非生理異常造成的疼痛。**」

當然，這段內容暗示腹痛只是「心因性」問題或者「單純想像」。這就是不當一回事。確實，許多創傷相關健康問題遭到漠視、略過、誤解。不過，一旦更加瞭解神經科學，瞭解我們的感官與大腦如何將經驗轉化成「生理」活動，那麼，人為的差異就會消失了。若是明白創傷的神經生物性質，就會知道生理「異常」導致過度敏感的解離反應以腹痛的方式被看見。你開始發現人的「世界觀」可以改變他們的免疫系統，與朋友之間的正向對話可以影響病患一整天的心肺功能。其中的交互關連變得很明顯。正如妳所說的，歐普拉，「一切都有關連」。

更重要的是，妳會明白「歸屬」是一種生物現象，失去連結會毀壞我們的健康。而創傷會讓人失去連結，影響我們身體的所有系統。

我來舉個例子。我曾經受託為泰拉諮詢，她十六歲，因為糖尿病而住院。她有第一型胰島素依賴糖尿病（Type 1，Insulin-Dependent Diabetes Mellitus，IDDM），有時也稱為青少年糖尿病。我想解釋一下，這種糖尿病的起因與基因構成有關，也會因為一些生命早期的問題而惡化（例如感染或自體免疫反應）。我這麼說，並不表示泰拉的糖尿病是創傷引起的；她很小的時候就被診斷出來，入院之前一直控制得很好。她會自己驗血糖，也會自己打胰島素。

泰拉因為糖尿病昏迷而入院；她的血糖升得太高，以致於失去意識。她的醫療團隊解除危機，泰拉恢復穩定。接下來幾天，醫療團隊努力想找出正確的胰島素劑量——但怎樣都抓不到正確的數字。早上沒問題的劑量，後來卻變成太高（造成泰拉血糖過低）或是太低（使她的血糖持續高到危險的程度）。醫療團隊開始懷疑泰拉故意操縱胰島素，或偷吃甜食。他們無法理解，明明用了他們認為合適的胰島素劑量，她的血糖卻忽高忽低。他們懷疑泰拉有「自殘」行為，因此找來精神科醫生進行諮商。

我去病房見泰拉。她的個性積極、愉快，樂於配合，對於醫療團隊無法找出胰島素劑量的事，她也覺得很怪。多年來她一直把劑量控制得很好。

交談大約十分鐘之後，泰拉突然不說話，而且看得出來很緊張。我以為是我做了什麼事讓她不高興。後來，我才發現她望著窗外，一輛救護車鳴笛開往醫院的急診室。在醫院工作的人整天都會聽見鳴笛，久了便自動忽略。我甚至沒有察覺。但泰拉聽見了。

「我可以量一下妳的心跳嗎？」我問。

這個問題打破她緊繃的狀態。「當然可以。」

我過去，雙手握住她的手腕，測量她的脈搏：一分鐘一百二十八下。以靜止不動的年輕人而言非常快。

「我發現警笛聲讓妳覺得不舒服。」

「噢。大概吧。我會忍不住猜想是誰受傷了。」

「妳有認識的人被救護車送走嗎？當然啦，除了妳自己。」這個問題讓她又回到半僵住的狀態。我慢慢等候。

終於她眨眨眼，開口小聲說話。「大約兩個星期前，我和幾個朋友去公園，我們只是在聊天。我們坐在野餐桌旁邊。我們什麼都沒做。」她停住。

「妳不想說也不用勉強。」

「沒關係。」我不太確定是不是真的沒關係，但我讓她繼續說下去。

「我根本沒有聽見槍響。凱莎說她有聽見。我就坐在妮娜身邊，突然間，她呆望著我。她的眼睛睜得很大，像這樣——」泰拉把眼睛睜大給我看。

「她好像非常驚訝——發出奇怪的叫聲，然後就倒下了。她的背上全是血。」我看出泰拉腦中正在重現那一刻；一看就知道她有多恐懼、多困惑。

外面的警笛聲漸漸安靜下來，她又開始說話。「警察來了，警笛很大聲。我們等了好久救護車才到。他們把她帶走。那時候是大白天。我們只是坐在那裡。」

我再次握住她的手腕。她的心跳高達一分鐘一百六十下。她呼吸急促，顯然處於恐懼狀態（見圖6）。

「妳的醫生知道這件事嗎？」

「應該不知道。他們為什麼要知道？」

「嗯。妳說得有道理，他們應該不會想到要問這些事。那麼，泰拉，我大概知道妳的胰島素是怎麼回事了，我來說明一下。」我畫了一個倒三角形，介紹壓力反應，解釋當我們感到恐懼時，身體如何準備逃跑或反擊。

泰拉很瞭解胰島素將糖分從血液運送到身體細胞，但她不知道在面臨壓力與威脅時，釋放的腎上腺素會「活化」身體儲存的糖分，以便協助逃跑或反擊行為。腎上腺素會提高血液中的糖分。因為最近發生的創傷事件，導致她的創傷反應太過活躍，以致於腎上腺素升高——也因此血液中有更多糖分。因此，之前有效的腎上腺素劑量已經不合適了。此外，當她接觸到刺激信號，例如救護車鳴笛，她過度敏感的系統就會做出太過強烈的反應，釋放出非常高的腎上腺素，繼而導致大量糖分釋出。於是乎，她整天待在這間病房裡，不時響起的警笛聲導致她的血糖不時激升。她並沒有刻意操縱胰島素，也沒有偷吃甜食。詢問「發生過什麼事」改變了她的血糖調節功能。

我們把泰拉移動到醫院另一側的病房，她在那裡不會整天聽見警笛聲，也展開幫助她痊癒的心理治療。短短幾天，醫療團隊就確認了穩定的胰島素劑量，她也出院回家。

歐普拉：她的醫生無法解釋「生理上」發生了什麼事，於是他們認為是她的錯。他們沒有考量到有些創傷可能會影響生理。

培理醫生：他們完全沒有想到要問。二十年前，從來沒有人把創傷視為影響身體健康的因素。老實說，甚至很少有人認為創傷與精神健康有關。直到今天，創傷與成長期負面經驗對精神與生理健康的影響，依然沒有得到充分重視。

成長期有過創傷的兒童與成人，往往會經歷慢性腹痛、頭痛、胸痛、暈厥，以及類似痙攣的發作——這些都是壓力反應過度敏感造成的常見症狀。大部分的醫生如果沒有找到傳統上的醫學問題，通常會將這些症狀視為「功能性」或「心因性」。這種輕忽的態度等於在傷口上抹鹽。

歐普拉：多年來，你的研究其實就是想要點出這件事。你在教導關於大腦與創傷時，經常用一個詞：**序列性**（Sequential）。我們之前沒有談到這個，不過，請你再說明一下，為什麼理解「我們發生過什麼事」有這麼重要。

培理醫生：好的。序列性的意思，就是事情依照**先後順序進行**，那樣的一套步驟——首先是A，然後是B，接著是C。就像我們之前說的那樣，我們的大腦處理經驗是依照順序進行的。所有感官輸入（生理感受、氣味、滋味、畫面、聲音）先由大腦下層的部分處理；下層腦有優先順序。也就是說，任何經驗還沒有被大腦「思想」的部分考慮過之前，下層腦已經解讀並回應了。下層腦將感官輸入的新經驗，與過往經驗儲存的記憶類別做比較——這時，上層腦還完全沒有機會參與。

不過，就像麥克．羅斯曼所發生的那樣，下層腦無法「分辨時間」。因此，有時收到輸入資訊時會做出誤判。倘若新輸入的資料符合過去經驗儲存的記憶，那麼下層腦會將現在發生的事當作過去發生的事，而做出反應。當過去的經驗有創傷時，就會發生問題。麥克的腦比對機車回火的聲音，判定符合戰場上的恐懼。泰拉的腦收到警笛聲，比對出朋友慘死的驚恐。而妳，歐普拉，夜裡獨處觸發了多年前那一夜，外公襲擊外婆的感覺記憶。

| 圖 10 |

處理的順序

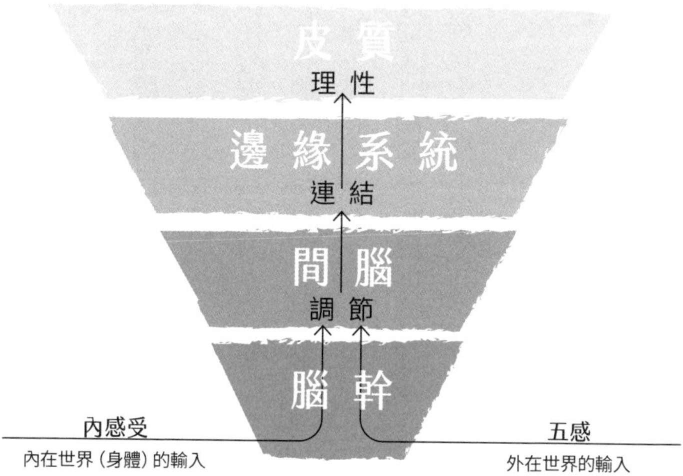

我們的大腦隨時都在接收從身體（內感受）與世界（五感）輸入的訊息。輸入的訊號依順序處理，首先由下層腦（腦幹、間腦）進行整理。要和別人講理，首先要有效通過對方的下層腦並且抵達皮質，這個部位負責思考，包括解決問題與反省性認知（Reflective Cognition）。不過，當一個人感到壓力、憤怒、沮喪，或其他調節不良的感受，輸入的訊息會發生短路，導致傳送到皮質的訊息效率不佳或扭曲變形。這種時候就會牽涉到處理的順序。如果無法給予某種程度的調節，就很難與其他人產生連結；而沒有連結時，讓對方理解的機率就非常低。調節、連結，然後才是理性。在對方完成調節之前企圖講理是沒有用的，反而會更增加雙方的挫敗感（調節不良）。有效的溝通、教學、訓練、教養、心理治療，都必須理解大腦處理的順序，並且加以配合。

歐普拉：也就是說，大腦會將兩段經驗判讀為相似，即使其實中間相隔數十年。或許你認為這兩段經驗毫不相關，但大腦卻將它們分類為相同。你將這種狀況描述為一種大腦內的溝通錯誤。

培理醫生：是。理解我們的大腦會按照順序處理所有經驗，有助於解釋大腦之間的溝通錯誤——換言之，也就是人與人之間的通訊錯誤。畢竟說到底，溝通就是將想法、概念、故事從你的皮質傳遞到別人的皮質。從你腦中聰明的部位到對方腦中聰明的部位。問題在於，我們並非直接由皮質向皮質溝通，而是必須經過下層腦。從皮質出發的所有理性想法，都必須經過下層腦的情緒濾網。我們的臉部表情、聲音語調、語言詞彙會由對方的感官轉換成神經活動，然後按照順序進行比對、解讀，才會傳遞到皮質。在這樣的過程中，有很多機會導致任何溝通的意義遭到抽離、扭曲、放大、縮小，甚至遺失。

我們來想想，當壓力反應啟動時會發生什麼事。沮喪、憤怒、恐懼可以關閉部分的皮質。當一個人調節不良時，他們無法使用大腦最聰明的部分。回頭看一下圖6，這個圖在解釋功能取決於狀態；越是往「激發」的方向移動，下層腦越是掌控你的功能。

在我的工作中，我們會說「接通皮質」——接通可以與人理性溝通的地方。當一個人調節良好時，就能夠以不同的方式連接，讓理性溝通變得順暢。然而，當對方調節不良，無論你說什麼都無法抵達他們的皮質，而已經存在於他們皮質的東西也無法輕易取得。當教師的人特別需要理解這件事，因為調節良好的孩子可以學習，調節不良的孩子無法學習。在工作場所中負責監督的人也一樣，與任何人溝通時也都要明白這件事，無論是同事、伴侶、子女。調節是創造安全連結的關鍵。而產生連結則是讓資訊進入皮質最快、最有效的方法。教師、教練、心靈導師、心理諮商師——全都要讓人際關係成為直達皮質的高速公路。

我們用**處理順序**這個詞來描述通往皮質的步驟。我來舉個例子，說明這樣的順序在現實生活中如何運用。

多年來，我經常有機會與執法單位合作，包括聯邦調查局（FBI），大部分是教導創傷的影響以及協助與兒童談話。有一陣子，我比較積極參與調查局的兒童綁架與連續殺人專案組。當時的工作讓我偶爾會去幫忙向兒童問話——那些受害者與目擊證人。

三歲的約塞夫，幾個星期前目睹姐姐西西遭到綁架。事件發生在下午，他們兩個在家附近玩耍。約塞夫跑回家，只能跟媽媽說：「那個人帶走西西。」一週後，她的遺體被發現。

地方執法單位與聯邦調查局都曾經向約塞夫問話，但這個孩子年紀太小、受到太大的衝擊，無法描述「那個人」的細節，也說不出綁架的經過。

無論在任何情況下，向三歲小孩問話都是非常困難的挑戰，而我是個陌生人，企圖刺探約塞夫生命中最痛苦的經驗。我知道有用的資訊都儲存在「敘事」記憶中——基本上就是他的心智中那起事件的架構。敘事記憶的關鍵元素儲存在上層腦，尤其是皮質。

我也知道恐懼會抑制許多皮質系統，基本上等於關閉；其中包括敘事記憶相關的系統（見圖11）。如果約塞夫無法感到安全，就無法給我任何有用的資訊。

我知道社會感染的力量（還記得從眾嗎？），我設想，倘若我在場的時候，約塞夫的媽媽傳達出接納與熟悉的信號，他或許會覺得和我在一起很安全；這等於是大腦版本的「你的朋友就是我的朋友」。

與人相處時感到安全的另一個關鍵，則是和那個人之間過往的正向經驗。和一個人正向相處的時間越多，你的大腦就越會將那個人視為安全、熟悉。正是因為如此，心理諮商才會經常要花上十到二十次療程才能讓患者感到安全，說出在情緒上感到最艱辛的經驗。以每週五十分鐘的「劑量」，傳統的心理諮商必須花上十個星期，才能讓約塞夫感覺和我在一起很安全。對於現在需要的問話而言，這種方式並不實際。

如何在短時間讓約塞夫感覺我是個安全、熟悉的人？如何讓他的大腦網路將我分類為安全？我們之前討論過那個目睹凶手闖入家中殺害母親的孩子，這裡也一樣，有意義的「劑量」——或是啟動的期間——其實只有幾秒鐘。因此，要讓約塞夫建立關於我的記憶，與其進行十次五十分鐘的諮商，我選擇十到十二次五分鐘的互動。交流、連結、留下印象、離開，五分鐘。交流、連結、遊戲、離開，五分鐘。進入他的視野、空間，然後離開，使用所有在任何互動中能讓人感到安心的因素。我的短暫互動必須盡量減少導致調節不良的元素，並盡量增加有助於調節與連結的元素。

成人與兒童之間自然存在的「權力差異」也是問題之一。在所有人際互動中，每個人的腦中都會進行複雜運算：**這個人安全嗎？他們是敵是友？他們會傷害我還是幫助**

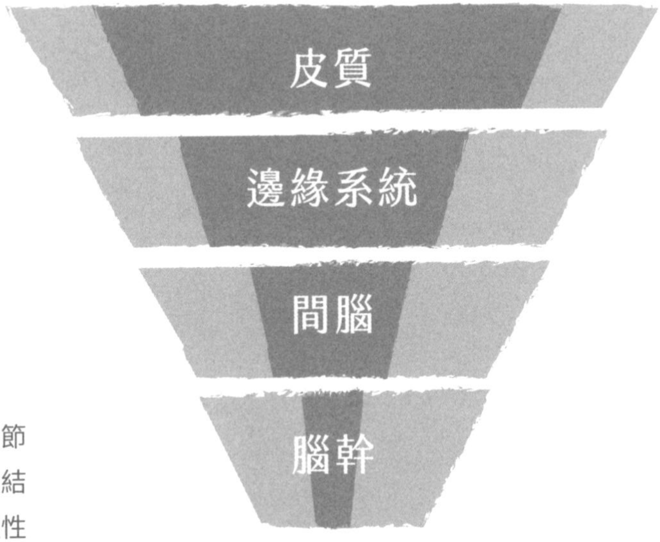

1. 調節
2. 連結
3. 理性

調節良好

能夠存取皮質記憶

| 圖 11 |

狀態影響記憶

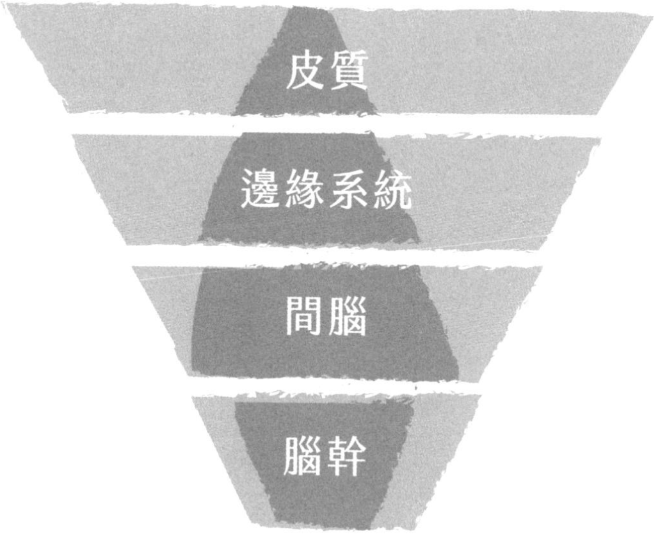

調節不良

無法存取皮質記憶

狀態影響是否能取得「敘事」記憶

在恐懼的狀態中（調節不良），上層腦區域（如皮質）的一些系統會關閉，造成無法順利存取先前儲存的線性敘事記憶；這種狀況常見的例子是考試焦慮。雖然內容已經儲存了，但是在當下（如考試當中）卻無法叫出資料。當一個人處在調節良好的狀態下，感受到連結與安全，那麼，儲存的內容就能夠存取，也能夠輕易叫出資料。

我？他們打算做什麼？他們企圖做什麼？他們想要什麼？這樣的關係計算，讓我們定義關係中的權力均衡狀態。彼此相當：我不感到威脅；我的權力大：我很安全；他們的權力大：我有危險。當我們感到有危險，我們的壓力反應系統就會發生因應狀態的改變——進而影響我們如何感受、思考、解讀這次的互動。

這樣的關係計算讓我們能安全存活。當感覺不安全的時候，我們會變成調節不良。另外，這種計算的影響深遠；這樣的力量高低差異內建在我們的社會系統中，在許多事情上起了關鍵作用，例如，系統性種族歧視。

歐普拉：我記得你解釋權力差異時，曾經以聲音解讀不同做解釋。那時候我們在歐普拉學院討論領袖的挑戰，你對我說：「就算妳的音量再小，在別人耳中也像大喊一樣清晰。」我感到恍然大悟的「**啊哈！**」。

培理醫生：畢竟妳**就是**歐普拉效應（Oprah Effect）[4]。當一個人處在權力差異的頂端時，有時候會不知道自己有多大的力量——光是妳出現就會對別人產生很大的影響。等我們談到療癒的時候，會談到許多這方面的事。

而在這個案例中，想像一下，一個身高一八八的成人要和一個九十公分高的小朋友談他姐姐被謀殺的事件——權力差異絕對非常大。如果我想要「接通他的皮質」，那麼，我就必須降低這樣的差異。

調查局探員、孩子的媽媽、我的小組共同會商之後，我們決定將問話的場地設在約塞夫家中，他在家裡會感到最安全。一開始，我和約塞夫的媽媽一起坐在廚房餐桌旁聊天，約塞夫戒慎地漫步，走進來又出去。我請他媽媽介紹我。

「約塞夫，過來，寶貝。」她說。「這個叔叔是我的朋友，培理醫生。」

約塞夫不安地接近。我離開座位，坐在地板上和他同高，盡可能減少體格上明顯的差距，讓我自己變小，直視他的雙眼。

「嗨，約塞夫，我是培理醫生。我來拜訪你和你媽媽。」他看著我。因為未知會增加恐懼，所以我希望讓他知道我是什麼人、為什麼來這裡。「我是醫生，專門幫助家裡發

4 由歐普拉的影響力而產生的明星效應。

生難過事情的小朋友。你媽媽跟我說過你姐姐的事。我很遺憾。」約塞夫全身靜止，茫然注視前方。「今天我要和你一起玩遊戲。晚一點，等你準備好了，我會問一些關於你姐姐的事。」然後我站起來。

「我要去買咖啡，」我說，「你要什麼嗎？」

約塞夫沒有看我，也沒有說話。

我問他媽媽。「好啊，」她說，「也幫我買一杯咖啡。」

這整段過程只花了三分鐘。我走出大門。十分鐘後，我回到約塞夫家，我和他媽媽坐著聊了十分鐘，約塞夫還是一樣進進出出，只是現在每次他都會更接近桌子一點。廚房地板上有幾個玩具卡車。我坐在地上，拿起一個玩。一開始約塞夫不理我，過了一會兒他過來，提心吊膽地把卡車拿走。

「對不起，約塞夫。我應該先問你可不可以玩你的卡車。」他坐在離我幾英尺的地方，假裝玩卡車。然後我站起來說：「我要去辦一點事，等一下再回來。」然後再次離開。

十分鐘過後，我回到他家，這次我帶著蠟筆和圖畫紙。我坐在廚房餐桌旁默默畫圖，約塞夫的媽媽坐在旁邊喝咖啡。約塞夫好奇地過來看。我沒有看他，只是慢慢伸手遞出一枝蠟筆和一張紙。他沒有拿。

我移動到客廳地板上，拿出蠟筆和紙。約塞夫把卡車拿來遞給我。我收下，然後給他紙和蠟筆。他在我身邊趴下，我們默默畫圖大約五分鐘。然後我站起來，他直接看著我，彷彿問我要去哪裡。「我馬上回來。可以幫我顧著彩色筆嗎？」

「好。」他第一次對我說話。

這種短暫的過程接著又重複三次。有一次，約塞夫說：「帶你去看我最棒的玩具。」他拉著我的手，帶我去他的房間。我們把他的所有玩具都玩了一遍。他開始說完整的句子，自在交談。透過玩耍、同樣模式的重複畫圖、他媽媽提供的關係強化、行走與交談，我成功讓他達到良好調節。因為我重複出現、和他互動，他大腦中辨識臉孔的系統將我歸類為熟悉。我們互動了十多次；他的大腦系統沒有真正察覺，其實全部都發生在四小時內。

我和約塞夫產生了連結；他將我視為安全、熟悉的人。他可以存取皮質網路與敘事記憶。如果現在問他姐姐被綁架的事，他會不會又封閉起來呢？

我將主控權交給他。「我說過想問你姐姐的事，你還記得嗎？」

「嗯。」約塞夫點頭，停止玩耍。

「如果你不想說也沒關係。」

「好。」約塞夫說，但他沒有繼續玩。

我問他記不記得那個人長什麼樣子。他說出一些細節。我需要知道更多——頭髮長短？有沒有鬍子？穿什麼衣服？胖還是瘦？我拿出一份舊報紙，想找幾個人的照片當範例，但我不知道那份報紙裡有與綁架案相關的照片。

他看到她的照片。「那是西西。她死掉了。」

我指著幾幅不同的廣告圖片。「那個人的頭髮像這樣嗎？」我想要問出更多細節。我翻頁，約塞夫的姿勢變了。

他看著一個嫌犯的照片，坐著往前移動。「就是他，」他說，「那個壞人。他戴眼鏡。」

我給他看很多張照片，裡面全都是長相類似的人，約塞夫全都沒有反應。後來進行虛擬列隊指認[5]時，他從一排外型相似的人當中立刻指認出嫌犯。

訪談結束後，我說：「約塞夫，你還記得那個人是在哪裡抓走你姐姐嗎？」

「記得。」

「可以帶我去嗎？」

我們走在社區的街道上，約塞夫描述當時發生的事。他姐姐在拍他的球；球掉進路邊的深溝裡。他去撿球，一輛紅色小卡車開過來，一個男人下車，將他姐姐拉到車上。

5 列隊指認（Line-up），指犯罪嫌疑人與其他物理特徵相似、但與案件本身無關的人排成一列，由證人、當事人進行指認的程序。

那個人完全沒有看到約塞夫。

約塞夫重溫這段過程時，看得出來非常難過。他不想繼續下去。問話就此結束，但他的指認與對綁架經過的描述讓警方直接找到證物，將殺害他姐姐的犯人繩之以法。

歐普拉：你接通了他的皮質。

培理醫生：是的。約塞夫的故事是個很好的例子，讓我們能夠瞭解大腦處理的順序。要和任何人進行理性、成功的對話，一定要確認他們處在調節良好的狀態，並且感覺和你有連結，然後才能和他們講理。二十年前我已經相當瞭解這種順序——也知道壓力與創傷對腦部整體的影響——所以才能夠和約塞夫溝通，而且不會導致他的皮質封閉。但是，當我離開他的家，他們依然是個破碎家庭。他媽媽依然承受失去女兒的創傷性失落；約塞夫也永遠失去姐姐。每年西西的生日都只有惆悵；每個節日餐桌上都有一個空位；母親節成為苦甜參半的日子。

那時候，我們對於療癒的瞭解還很有限。雖然我們和數百個家庭合作過，雖然我可以相當清楚地解釋我的想法，說明造成他們痛苦、疲憊、憂鬱、焦慮、經驗重現的原因，甚至是他們健康失調的原因——但我就是不知道該如何改善。不過，我們可以繼續聆聽、學習。

Chapter 6

從應對到療癒

「你發生過什麼事？」當中有另一個很重要的面向，

也就是「你沒有發生過什麼事？」——

基本上就是，你是不是缺少愛？

「忽視」毒害的程度，不亞於創傷。

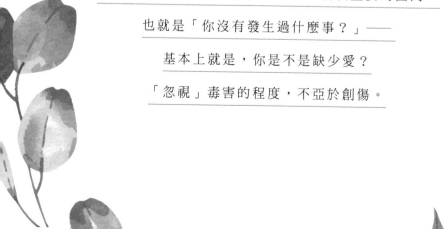

我的職業生涯大多在試圖理解壓力與創傷如何改變我們。不過，一開始我過度重視極端創傷事件。數百位兒童、青少年、成人和我分享他們的人生故事，最後甚至高達數千位。我一邊聽，心裡一邊想著現在所聽到的內容完全符合我以前所學的東西，神經科學家曾經針對壓力下的動物做過大量研究。很多時候我會想，**啊，現在我懂了。原來創傷是這樣運作的。創傷是以這種方式影響大腦與行為。**但我錯了。那時候我其實在學習很重要的課題，只是我瞭解得不夠徹底。

我開始深入思考創傷後的療癒。我相信創傷歷史越極端，療癒就會越困難。但當時我漏掉了一個重要的關鍵。

三十年後，我終於看清自己的錯誤。那時，我很努力想瞭解兩個男孩子的狀況，他們同樣是十二歲，住在一家住宿式治療中心。他們都換過好幾個寄宿家庭與收容機構，也都出現「失控」行為，因此才會送來這裡。他們兩個都應該讀六年級，但無法跟上課業，因此只能降級讀四年級。收到他們的檔案時，兩人都有相同的精神病診斷標籤：過動症、重度憂鬱、陣發性暴怒障礙症、行為規範障礙症。他們兩個都服用多種藥物，醫生試圖用處方藥降低他們的侵擾性症狀。他們兩個都進入住宿式治療計畫大約一年。

然而，當我和他們見面時，相處起來的「感覺」卻很不一樣。他們兩個都在空間中製造出一種情緒，但氣氛截然不同。湯瑪斯的生父經常暴怒、抓狂，會對孩子暴力虐待。六歲時，湯瑪斯接受家外安置。他換過十二個寄養家庭，三次入院治療，最後被安置在這間中心。他在這裡居住將近一年，這已經是他人生中停留最久的一次了。他持續與母親會面，偶爾也會見父親。儘管曾經受虐，但他樂於交流，經常微笑，盡力幫助我瞭解他。但我可以清楚看出他有過度警覺、坐立不安、情緒極端擺盪的問題。我們第一次見面時，他的靜止心跳是每分鐘一百二十八下。他的那些行為，注意力不集中、對立、叛逆、侵略，都是激發反應太過活躍、太過強烈的表徵（見圖5、6）。他處在持續性的恐懼狀態中。我認為一一治療他的多種精神障礙並沒有意義；因為他只有一種精神障礙——兒童版的創傷後壓力症候群。

詹姆斯的「感覺」卻是截然不同——事實上，根本沒有感覺。和我坐在一起的人有如鬼魂，彷彿他是空的。和他在一起，我覺得好像只有自己一個人。他的紀錄上沒有寄養兒童「傳統」的那些創傷事件。詹姆斯的生母很可能受憂鬱症所苦，在他三個月大時和男朋友跑了。後來他在庇護中心住了六個星期，他的獨居外婆同意接手。她似乎很不樂意扶養詹姆斯。從舊紀錄中的資料看來，她似乎是個毫無動力、怨天尤人的照顧者。不過她盡力了。沒有肢體虐待、沒有性虐待、沒有讓孩子看到她吸毒、沒有任何形式的創傷。許多資料單純記錄了她養育外孫的態度冷漠消極、「精疲力盡」、缺乏互動，極少言語和肢體交流。在外婆的養育下，詹姆斯開始變得缺乏注意力、不服從管教。獎賞似乎無效，懲罰他也不當一回事。他會偷拿別人的東西，而且都是看似毫無意義的小東西——鉛筆、手鍊、小玩具。如果當面對質，他會一概否認，就算證據確鑿也一樣。好幾次，他威脅要用刀刺同學，資料中說他有暴怒侵略傾向，但仔細觀察就會發現，他從來沒有真的動手推、打任何人。他只是口頭威脅而已。

詹姆斯八歲時，他外婆再也沒有力氣養他，於是乾脆放棄。她把他丟給「政府」，因為他「愛說謊、偷東西、不知感恩」，她越來越怕他。詹姆斯威脅要趁她睡覺的時候殺死她。他進入兒童保護體系，換了一個又一個寄養家庭，最後來到這間住宿中心。他因為缺乏注意力而被診斷為過動症，但他不是像湯瑪斯那樣過度警覺、容易分心。詹姆斯缺乏注意力是因為他恍神、做白日夢。湯瑪斯的靜止心跳是一分鐘一百二十八下，而詹姆斯卻是一分鐘六十下。

儘管同樣被貼上過動症的標籤，但湯瑪斯與詹姆斯的狀況截然不同。我開始好奇詹姆斯嬰兒時期的生活。沒有育兒經驗的年輕媽媽，受憂鬱症所苦，無法負荷嬰兒持續的需索。或許他的生母也有人際關係障礙或依附障礙——她發生過什麼事？自己沒有的東西，當然無法給予。

想像一下，詹姆斯的童年早期，他媽媽雖然供給他的需求，但僅此而已。正當他開始要組織「人際關係」神經網路時，他的世界天翻地覆，庇護中心的一群陌生成人接手照顧他。這些人每個都有不同的氣味、聲音、觸摸方式。然後突然間，這些人也全部消失了。五個月大的詹姆斯腦部正迅速發展，但他對人際連結的「記憶」混亂、零散，他學習到人終究會消失。人會變來變去、無法預期。他們不是提供需求、安慰、獎賞的可靠來源。

現在，再想像一下，一個飢餓、害怕、寒冷的嬰兒，和一個不會每次都給予回應的照顧者。嬰兒版的反擊或逃跑反應就是哭。但假使哭泣無法招來照顧者給予回應，或者哭泣反而招來沮喪或憤怒的照顧者，那麼，嬰兒只能被迫選擇其他自我安撫的方式。而嬰兒在這種狀況下的主要壓力適應反應是解離，逃離這個令人困惑、充滿威脅的外在世界，退回內在世界。

見到詹姆斯的那時候，我就已經知道，當動物遭遇特定方式的壓力時——無法逃脫、喪失行動力，或是反擊無用——解離是牠們主要的適應反應。這種類型的壓力，會導致動物「投降」或「認輸」的反應。牠們的生理發生變化，進入假死狀態。這個領域的動物研究非常多。但很奇怪的是，直到今天，人類解離反應的神經生理學研究依然大幅落後。

無論如何，這兩個孩子被診斷出同樣的精神障礙，卻有著截然不同的行為，對治療也有截然不同的反應。這樣的差異來自哪裡？來自他們童年時的遭遇。

和湯瑪斯相處的時間越長，我漸漸得知他暴亂的世界中還是有愛他的人。他的媽媽、阿姨、外婆都非常疼他，持續努力向體制爭取讓湯瑪斯回家。但他的媽媽不願意離開丈夫，而她丈夫無法停止濫用上癮物質。

我得知湯瑪斯的父親並非一直有家暴傾向。根據家中成員的說法，自從他從越南戰場回來之後一直很痛苦。在那個年代，對於創傷後壓力症候群的瞭解還不多，許多越戰退伍軍人完全沒有得到幫助。湯瑪斯的父親酗酒、吸毒導致失去工作，因而無法養家，他的自我價值崩潰。這樣的創傷循環——羞恥、痛苦、酗酒、憤怒、羞辱、失落——加速了家庭崩壞。

在父親狀況惡化之前，湯瑪斯有良好的人生初期，照顧者慈愛、可靠。在他的嬰兒時期，他父親不會施暴。但隨著他父親痛苦，家人也受累，尤其是他媽媽。湯瑪斯想要保護媽媽，於是他爸爸開始打他。後來，他成為吸收父親憤怒的避雷針。不過，儘管他媽媽和其他家人無法完全保護他，但他們盡力了。這些照顧者起了緩衝作用，加上良好的嬰兒時期，造成了很大的不同。雖然湯瑪斯的壓力反應過度敏感，但他擁有健康的人際關係神經生理。

湯瑪斯接受治療之後改善許多。因為他擁有健康的人際關係能力，因此，接受以人際關係為重點的治療效果很好。經過十二個月的治療，他調節不良的狀況減輕許多。他可以集中注意力，學習也變得容易。他的行為問題減少，一年升上兩個年級。他開始治癒。

詹姆斯沒有以同樣的速度進步。事實上，他反而退步了。他的侵略行為依舊，而且還變得狡猾，知道如何避免被抓到。所有幫助他改善行為、建立健康人際關係的努力全部失敗。感覺就好像，即使有心理治療的幫助，他依然缺乏成功所需的工具。

我們之後會深入討論，人際關係是治癒的關鍵。然而，對詹姆斯而言，所有人際關係互動最後都只會分離消失。對他而言，「其他人」並不安全。在他的世界觀裡，人只會傷害他或離開他。不能信任其他人。這次的案例讓我學到，「**你發生過什麼事？**」當中有另一個很重要的面向，也就是「你**沒有**發生過什麼事？」你是不是缺少了溫柔關懷、慈愛接觸、安心保證——基本上就是，你是不是缺少愛？我領悟到「忽視」毒害的程度，不亞於創傷。

——**培理醫生**

歐普拉：你剛才說忽視，那是什麼意思？忽視不也是一種創傷嗎？

培理醫生：我認為，在大部分的案例中，忽視與創傷會同時發生。不過兩者所造成的生理經驗非常不同，對大腦與成長中的孩子所造成的影響也不同。有些人會用「複合性創傷」來說明成長期遭遇的忽視與虐待，但我認為這樣太包山包海了。

歐普拉：那麼，幫助我瞭解什麼是忽視。

培理醫生：好，來思考一下成長期的孩子。為了讓孩子的基因潛力能夠展現，需要各種不可或缺的經驗。

倘若缺少這些經驗，或者時機、模式、性質不正常，關鍵能力便無法順利發展。在生命早期，忽視的破壞性最強，因為在那段期間，大腦迅速成長；早期忽視會讓孩子無法得到正常發展所需要的刺激。

妳可能聽說過「羅馬尼亞孤兒」。羅馬尼亞獨裁者希奧塞古（Ceaușescu）統治期間，超過五十萬名兒童在國家經營的孤兒院中度過人生早期的部分時間。一九八九年，羅馬尼亞結束共產政權，民眾與媒體才發現這些孩子的生活狀況多可怕。通常一個大房間裡會有四十到六十個嬰兒，整天躺在各自的嬰兒床裡，只有一到兩位工作人員輪流照顧，每次值班十二小時。這些孩子缺乏刺激、營養不良、遭受虐待，還有更多慘事。即使離開孤兒院，他們長大之後依然有很多缺陷。有些智商過低，有些無法行走，大部分都難以形成並維持人際關係。我曾經研究過很多從那些孤兒院出來的孩子。整體而言，在孤兒院的時間越長、缺乏刺激的時間越長，問題越嚴重。一些收容人數過多的孤兒院，孩子不得不共用嬰兒床，他們的狀況反而比較好，真的很諷刺。

羅馬尼亞孤兒現在都長大成人了，他們許多人的問題依舊沒有消失。整體而言，他們比較容易失業，容易罹患精神與生理疾病，而且難以維持人際關係。

美國也有遭到孤立的類似案例，我們的臨床小組研究過很多脫離極端忽視環境的兒童與青少年。這些孩子長大的過程社會化不足。他們沒有接受過如廁訓練，不會使用餐具，口語表達技巧極低。最極端的案例甚至感覺像「野人」，我們稱之為**野化**。

妳曾經在「歐普拉秀」上特別介紹過一個這樣的孩子，「破窗女孩」（the girl in the

window）丹妮，她人生的前六年被關在家裡，遭到嚴重忽視，造成悲劇後果。幸好她離家安置之後被領養。她的治療過程非常緩慢，但穩定進步。

歐普拉：有了愛她的家人，她漸漸好轉。不過她依然很難與人溝通、進行社交。

培理醫生：到現在她依然很艱辛。人生最初的六年，發展中的大腦會經歷太多重要變化。倘若關鍵的神經網路沒有在正確的時機得到正確的「經驗」，一些基本能力將無法正常發展。關於這方面，還有很多需要學習的東西。我們知道，像丹妮這樣極端的案例，或許還有其他不利發展的因素，例如子宮內或出生時的創傷。不過就像羅馬尼亞孤兒的案例，處在刺激不足的狀況下越久，越難恢復。

歐普拉：但像丹妮這樣的案例真的很罕見。六年是一段很長的時間。如果只是一年呢？如果只有特定的保母來的時候才會遭到忽視呢？如果罰青少年禁足，讓他們一個月都不准離開房間，這樣算忽視嗎？

培理醫生：罰青少年禁足不算忽視，因為他們的大腦系統已經發展完成了。我當然不鼓勵家長把十五歲的孩子關在房間一個月，但這和童年早期一整個月刺激不足是不一樣的狀況。

不過，妳提出的問題很重要。就像創傷一樣，有一些關鍵的問題可以協助判定是否有忽視的狀況；如果有，影響的嚴重程度又是多少。忽視發生在成長期間的哪個階段？模式為何？忽視的狀況多嚴重、刺激不足的程度多嚴重？持續多久？另外，因為真正全然忽視的狀況很罕見，所以也要知道當忽視發生時，有哪些「緩衝」因素存在。

最常見的忽視是時有時無、沒有固定模式的照顧。有些時候寶寶哭了，大人會去餵奶、安撫。有些時候完全沒有人出現。甚至有些時候，來的人會對嬰兒大吼、用力搖晃，傷害他們。這種迷惑、混亂的世界非常不利於調節。嬰兒沒有得到足夠的「架構」，無法向發展中的大腦系統傳送清晰有條理的信號。嬰兒身處在一個無法預期的世界，結果就是「混亂」式忽視。關鍵系統的發展變得斷裂、零散，導致功能問題。

另外一種忽視——「片段」式忽視——當這種狀況發生時，儘管成長的許多方面正常，一些關鍵系統得到時機恰當的經驗，但其他卻沒有——導致健康發展的一些關鍵面向缺失。我來舉個例子。

我曾經研究過一家五個手足，年紀分別是十一歲、八歲、六歲、四歲、兩歲。他們全都很開朗。他們的媽媽親自養育他們；她有兩個博士學位，非常愛她的孩子。問題在於，她有妄想症，非常擔心孩子只要一離開她的視線就會受傷。於是，她開始把自己和孩子關在同一個房間裡，不分日夜。孩子漸漸長大，她開始在家教育他們。她在沙發上裝了汽車安全座椅，堅持所有孩子都必須坐在裡面。後來她甚至嚴重到把孩子綁在安全座椅裡，不允許他們爬或走。

她對這些孩子很慈愛，花了很多心力在他們的認知發展上。所有孩子都跳級兩年以上。他們彼此交談、社交互動，但就連年紀最長的孩子也只能勉強站立。他們的「行動能力」這個片段刺激不足，導致五個孩子的腿部與神經運動系統都嚴重發展不良，這是片段忽視的極端案例。但在許多案例中，發展的重要領域都遭到相對忽視或低估了，包括情感發展。

歐普拉：忽視兒童有許多不同的方式。我曾經看過孩子從小到大都遭到忽視，因為他們在家裡就像鬼魂一樣。情感上的鬼魂，像詹姆斯那樣。

培理醫生：噢，是的。我研究過許多遭到情感忽視的兒童，非常富裕的父母選擇將親職「外包」，而且他們不瞭解成長期的需求，所以使用的方法非常不利。他們不明白人生早期穩定關係的重要性，因此雇用幾位照顧者輪班照顧嬰兒。

歐普拉：這是什麼意思？世界上有很多訊息告訴我們，無論是誰照顧孩子、有多少人照顧，只要孩子得到愛與關懷就沒問題。這種說法不對嗎？

培理醫生：這個問題非常好。一般而言，生命中有越多關懷愛護的人越好。不過，之前我們討論過成長中的大腦與建立世界觀的要素，妳應該還記得在人生早期，大腦需要一致、有模式的經驗，才能發展關鍵系統。我們就用語言發展，來說明一下我的意思吧。

如果妳對一個嬰兒只講英文六個星期，然後決定英文講夠了，換成講中文。接下來五個月，寶寶只聽到中文，不過接著妳又決定中文講夠了，換成講法文。然後，在寶寶滿三歲之前再換十種語言，這個可憐的孩子最後什麼語言都不會說。儘管這些語言都很好，也都能「啟動」大腦口語表達與語言的部位，但每種語言重複的次數都不夠，因此無法完整構築孩子完整的講話能力與語言。

要是寶寶一天聽到十五種不同語言，同樣會發生語言障礙。接觸的時間不足、重複的次數不足，寶寶發展中的大腦就無法理解任何語言。他的語言發展會變得遲緩，甚至可能異常。

人際關係也是，如果寶寶花六週的時間熟悉一個人，然後這個人消失了，另一個人接手照顧，然後這個人也消失了，就這樣一直換人，一個人重複出現的次數不夠，因此寶寶的大腦無法建立需要的結構，無法發展出健康的人際關係神經生物系統。

人生中擁有許多健康人際關係的關鍵，就在人生的第一年。必須擁有少數安全、穩定、滋養的人際關係，這樣才能得到建立基礎所需的重複量——人際關係的基礎建設——讓孩子能夠繼續長出健康的人際關係連結。再一次，我們用語言當例子：一旦學會一到兩種主要語言之後，就可以繼續學習其他多種語言。但是，當嬰兒、幼兒或兒童生長在親情外包的家庭，結果可能會導致片段忽視，關鍵的人際關係能力發展不足，或發展遲緩。

歐普拉：我認為，我們生活中的許多方面都越來越依賴科技，其中很重要的一項就是育兒。我越來越常看見父母用手機或平板打發孩子。不然就是孩子忙著玩假手機、父母忙著玩真手機。有一次我在芝加哥開車，一輛馬車剛好走在我前面。馬車上的孩子探出頭東張西望，而他們的媽媽在講手機聊天。整段時間。她都沒有和孩子互動，甚至沒有看他們。我一直在想，等馬車遊覽結束之後，她一定會上傳照片發文說，**看啊，我們去坐馬車耶，真開心**。現在這種狀況太常見：父母雖然人和孩子在一起，但心不在。

培理醫生：我認為這個問題很嚴重，我們的社會太容易讓人分心。我們不太擅長真正一心一意地陪伴。

歐普拉：就連小嬰兒都能感覺得出來你的心在不在。你激動或開心的時候他們都知道，他們感覺得出來。他們知道自己是否安全。他們想要視線接觸。

培理醫生：他們想要全心全意的交流；他們想要大人專心陪伴。如果父母無法真正人在心也在，會對孩子的健康成長造成毒害。我們之前提到過，寶寶的大腦努力想理解這個世界。因為我們是社會的動物，所以其中很重要的一環就是建立歸屬感：**我很重要，我是這個群體的一分子**。這樣的信念來自於其他人給予的信號，表明「**你很重要**」，尤其是家人。而要做到這一點，就必須把注意力放在嬰兒、幼兒或兒童身上。不是一部分的注意力而已——要全心全意的注意。**我在看你。我在聽你說話。我在這裡陪伴你**。

我們全都有過這樣的經驗，跟人說話的時候，對方一直在看手機，讓我們覺得不被重視。即使我們已經是成人了，大腦發展完備，而且理解世界運作的方式，依然會覺得很不受尊重。很不舒服。

歐普拉：那感覺就好像，我不夠重要，不值得你注意。

培理醫生：就是這樣。**我不夠重要**。這種感覺對成人而言都很不愉快了，想像一下正在建立世界觀的嬰兒經常接收到這種訊息：**我不重要**。嬰兒長大後是否能夠有同理心、給別人呵護——他們愛的能力——取決於生命早期經驗到的關懷互動，性質與品質都很重要。要養育出一個有愛的人，基礎很重要，而輕忽、散漫的互動無法建立。

恰恰相反，這樣的互動會養育出情緒飢渴、需索無度的人，他們會渴望歸屬感，但神經生物學上的缺陷，使得他們無法真正找到需要的東西。輕忽的照顧可能會導致對愛無法滿足的渴望。沒有被愛過就無法去愛。

歐普拉：當孩子想要一起分享經驗，但爸爸或媽媽卻一直滑手機，從科學的觀點來看，會發生什麼事？

培理醫生：我的一位朋友兼同事艾德・莊尼克（Ed Tronick）博士，他開發出一個很有名的兒童發展心理實驗，「面無表情實驗」（Still-Face Paradigm），或許可以幫助我們瞭解。簡單介紹一下，實驗者要求父親或母親在和嬰兒互動時不要做出任何表情。他們必須對孩子表現出輕忽、被動、冷漠的態度。嬰兒會立刻試圖與父母互動，如果不成功，幾秒之內壓力就會急遽升高。

歐普拉：他們開始哭？

培理醫生：通常都會。面無表情實驗顯示出，寶寶一旦察覺父母缺乏互動或人在心不在，短短幾秒內就會開始感到壓力，並且試圖重新和父母互動。但如果努力無效，嬰兒會停止互動，並且在情緒上退縮。想像一下，如果這樣的經驗持續發生，會對發展中的孩子造成什麼影響。冷漠、缺乏互動、心不在焉的照顧者，可能對發展中的兒童造成毒害一生的影響。這個孩子的成長過程可能會感覺自己不夠好、不值得被愛。長大之後，即使擁有許多天賦與技能，他們依然會覺得自己有所不足，因而導致各種適應不良的行為，包括以不健康的方式尋求關注、自我破壞，甚至自我挫敗的行為。

歐普拉：年幼的孩子依賴父母或照顧者給予調節，當寶寶需要安慰或食物，照顧者卻輕忽、缺乏互動，甚至沒有出現，這樣會讓寶寶製造出無法預期、無法控制的壓力啟動模式。

培理醫生：是的，如此一來，就會製造出過度敏感的壓力反應（見圖3）。我們來討論一下；我們知道無論是嬰兒或成人，人類的身體有幾個系統可以幫助我們面對當下的挑戰。大家最熟悉的就是反擊或逃跑反應，我們之前已經談過了（見圖6）。

歐普拉：我正在看這個圖——冷靜、警覺、慌張、恐懼、極度恐懼。請說明一下。

培理醫生：當我們感受到壓力時，有一套循序漸進的反應，逐漸啟動大腦與身體系統幫助我們應對。沒有任何壓力時，人會感到**冷靜**；可以思考過去、未來。然而，當挑戰出現——例如工作簡報——你就會進入**警覺**狀態。進行簡報時，你會觀察人群，研究聽眾的表情，想要判斷有沒有傳達出意思。**他們有沒有聽懂？他們喜不喜歡我的報告方式？他們會不會嫌無聊？**同一天稍晚，你發生了一起小擦撞，你暫時進入慌張狀態；你有點僵住，不確定該怎麼辦……**應該打電話給保險公司嗎？要報警嗎？要留對方的資料嗎？**你的大腦暫時停滯——突然間，對方駕駛跳下車，拿著槍對你叫囂、威脅。現在你進入全面性的**恐懼**狀態。

這時，壓力反應能力當中的另一個重要零件啟動：解離。你的大腦持續監控狀況，隨時評估選擇：**我有沒有辦法逃跑？我有沒有辦法打贏？**你的大腦說你打不贏有槍的人，於是，你開始盡可能避免傳統式的衝突，誠惶誠恐地道歉。你會有一種好像在電影裡看到這一幕的感覺。你像機器人一樣聽話，答應他的要求當場賠償。你的時間感扭曲了。你進入解離狀態。你的身體準備迎接可能發生的傷害；你的心跳降低。你的血液沒有流向肌肉幫助你反擊或逃跑，反而限制血液流往末稍。你可能會臉色發白甚至暈倒。你的身體做好可能受傷的準備，切斷你與外在世界威脅的連結，讓你進入內在世界。你的身體釋放出內源性類鴉片肽——內啡肽與腦啡肽——專屬於你的天然止痛劑，你會感覺彷彿在看別人身上發生的事。

歐普拉：所以才有所謂的「離魂體驗」，通常他們都不會記得接下來發生的事。

培理醫生：沒錯。通常只有在發生無法逃脫、無法避免的壓力與疼痛時，才會使用這種解離反應。你的心靈與身體要保護你。因為你的身體無法逃脫，反擊也沒有用，只好在精神上逃往內在世界。現在再回去看父母沒有互動的嬰兒；嬰兒的反擊或逃跑反應就是哭。但如果沒有人來——或者來的人很生氣——那麼，無助的嬰兒只能靠解離，來撐過這種無法逃脫的壓力處境。兒童、青少年、成人也一樣，當面臨無法逃脫、無法避免的痛苦與壓力，他們也會解離。另外，體內也會發生一整套神經生理學上的變化，幫助你進入解離，包括釋放身體的內源性類鴉片肽。

歐普拉：有些人說「時間好像變慢了」，就是因為這樣嗎？

培理醫生：沒錯。當處在解離狀態時，你的時間感會變化。只維持幾秒的經驗會感覺像幾分鐘。幾分鐘會感覺像困在無盡的一刻。

例如說，我曾經聽過開槍的調查局探員報告經過。其實只是短短幾秒的事，但探員卻可能花上八分鐘描述。那是因為事發當下，他們的大腦在漂浮。他們脫離身體，觀看事情發生。

經歷過哀悼的人應該很多都能理解。哀悼會引起一種麻木感，有時我們只是機械化地做完一天該做的事，或者，有時覺得自己好像身在電影裡。

歐普拉：你說的這種狀況我覺得很神奇，因為我一直很好奇，例如說，九一一事件時在飛機上的那些乘客。他們知道有恐怖分子，也知道只有幾分鐘的時間可以打電話給家人。在那驚恐的時刻，他們一定有過解離的感受，因為許多人還有行動力，可以打電話給家人、寫遺書，甚至衝進駕駛艙。

培理醫生：妳提出了很好的看法，在許多狀況下，部分解離是非常適合的作法。交戰當中，如果士兵進入一連串的激發反應——一直到必須逃跑或反擊的階段——他就會跳起來，被槍打中。為了能繼續使用皮質——思考如何運用訓練中學到的行動以能在交戰中保命——他就必須有一定程度的解離。這是存活必須的條件。如果沒有解離，一個人受到的威脅越大，他就會越害怕，皮質越是關閉。能夠部分解離，脫離一部分外在世界的威脅，專注於訓練過的行動上，在高度競爭的運動或壓力很強的藝術表演當中，這是成功的關鍵。有些人會用「化境」或「入定」來形容這種部分解離的狀況。

歐普拉：現實中，每個人每天都會使用到解離。這就是白日夢，對吧？這是一種健康的應對機制。

培理醫生：確實——心思飄盪。沉思與創造都需要我們在時間中停頓、思考，並且「躲進腦袋裡」一段時間。我們反省過去、想像未來，因此解離式的脫離現實，是日常生活中重要的部分。對於人際關係互動也很重要。

歐普拉：你以前說過，大部分的人聽別人講話的時候，完全集中精神的時間大約只有十五秒，然後他們的心思就會飄走。他們集中與渙散的程度，要看對方所講的事情是否與自己生活中的事情有關連、是否與其他事有關連，諸如此類。

培理醫生：那是一種非常正常而且適應良好的能力。我們應該要明白，雖然解離可能發生在很不幸的狀況下，但解離本身不是壞事。例如說，小朋友課堂上做白日夢可能代表他很有創造力。我們現行的公立教育制度很適合培養做事的人，卻非常不適合善於創造的人、藝術家，以及未來領袖。

歐普拉：做白日夢的孩子通常會被懲罰。

培理醫生：確實。不過在發展導向、創傷知情的學校，教師明白休息時間對於強化記憶非常重要。他們鼓勵解離式沉思。

歐普拉：啊，是的。因為我在南非開辦的學校，所以我很熟悉這個解離的原則。那裡的學生非常優秀——你見過許多個。但她們全都出身自困苦、創傷的背景，所以我們必須訓練教師理解，做白日夢或解離其實對她們很有好處。當一個人生長的環境充滿無法逃離的混亂，也很少有支持的力量或其他保持調節良好的方式，你只好封閉自己。為了要存活，必須以解離的方式脫離那個環境，以及極端的折磨。

培理醫生：正是如此。以解離作為應對機制，通常發生在一個人感覺無法逃離有威脅的狀況。如果你是一個小孩，而家中經常發生衝突，你別無選擇。你又不能說：「我要搬出去囉。」非常幼小的孩子不能反擊或逃跑，他們只能留在那裡。

歐普拉：作為應對機制的解離，到什麼程度會變成解離障礙，孩子越來越常把自己帶進內在世界？

培理醫生：之前講到父母拒絕互動的嬰兒時，妳講的那句話差不多就回答了這個問題。記得嗎？當壓力模式無法預期、無法控制、時間太長，將會造成壓力反應系統過度敏感。如果一個人小時候長時間選擇以解離作為壓力反應模式，那麼，最後只要一出現任何挑戰，就會觸發過度敏感的解離反應。解離反應太過活躍、太過強烈。

例如說，歐普拉學院中的一些學生，小時候生長在混亂與威脅中，面臨任何挑戰或遇到任何不舒服的狀況，她們都會進入解離狀態。

歐普拉：很多人常常納悶為什麼他們會脫離現實，我認為我們這部分的討論可以幫助到他們。**為什麼只要狀況一變得艱難，我就會無法專注？**因為你的大腦被訓練成這樣，只要狀況不舒服或是有威脅，就會進入解離狀態。就連數學考試的威脅性也像有人要傷害你一樣。你的解離反應太過活躍，以致於碰到數學考試的反應是停止運作。

培理醫生：是的。但反應不見得永遠是完全停止運作。我們之前也討論過，面對困難或威脅時的解離反應是階段性的（見圖6）。對於那些遇到壓力時傾向使用解離反應的人，第一階段是迴避。這些人不希望發生衝突，他們想變成隱形人，避免視線接觸，不要出頭，討論時不發言。如果他們不能隱形，而且有人直接衝撞他們——**你有什麼想法？**——他們就會順從對方，但那只是毫無意義的順從。

歐普拉：他們說出他們認為對方想聽的答案，但其實他們並沒有加入交流。

培理醫生：治療有發展性創傷的孩子時，這是最大的挑戰。

歐普拉：而且他們還只是孩子而已。我在成人身上看過這樣的行為。我記得很多年前，有一集節目邀請了靈性大師蓋瑞．祖卡夫。一位女士在節目上說，因為早年受過性侵，成年之後她總是破壞自己的感情關係，無論兩個人在一起是否幸福，這樣她才能讓自己在感情上抽離。即使她深愛伴侶，但依然會解離。交往時該做的事她都會做——順從——但就像你說的一樣，只是毫無意義的順從。她並沒有真正在那段關係裡。後來她接受心理治療，學習建立並維持健康的人際關係，現在她積極練習活在當下。蓋瑞．祖卡夫說她的感受是真實的，他說很多人「害怕活著的感覺」。我永遠不會忘記那句話。

培理醫生：他會那麼說真的很有意思。過度敏感的解離反應當中，很常見的一種行為便是刀割自殘。而且這麼做的人經常會說：「看到血讓我感覺活著。讓我心情平靜。」

歐普拉：可以請你解釋一下自殘背後的心理因素嗎？我實在不懂為什麼會有人自殘上癮，我相信很多人也一樣。

培理醫生：外人**確實**很難瞭解自殘這種行為。我們談過壓力反應系統如何變得太過活躍、遭遇無法逃離及無法避免創傷的人如何發生解離，以及如果這種創傷模式太長久、太極端，解離系統如何變得過度敏感：太過活躍、太過強烈。

別忘記，解離會釋放類鴉片肽（內啡肽與腦啡肽），身體自備的止痛劑。解離反應不會過度敏感的人，要是割傷自己，身體會釋放一點點這種類鴉片肽，讓他們能夠忍受疼痛；因為傷口小，所以釋放的量也很小。但是，換做解離反應過度敏感、太過活躍的人，當他們割傷自己，身體會釋放大量類鴉片肽。幾乎像是吸了一點海洛因或嗎啡。

歐普拉：這意思難道是其實很舒服？割傷的感覺不像割傷？

培理醫生：割傷引起的類鴉片肽「暴衝」，實際上有調節的效果。帶來安撫。對於某些人而言是獎賞，讓他們覺得很舒服。

歐普拉：不會痛。

培理醫生：對。事實上，自殘甚至會成為他們偏好的自我調節方式。

歐普拉：我從來沒有這樣想過。也就是說，要感覺到那種安撫，必須先處於調節不良的狀態。調節良好的人割傷會痛，是嗎？

培理醫生：是的。必須有過度敏感的解離反應才行。這種反應通常來自於嬰兒或幼童時期發生過非常痛苦、無法逃脫、無法避免的虐待——基本上就是長期混亂與威脅。性侵也是很常見的原因。

歐普拉：無法逃離發生在你身上的事。

培理醫生：是的，因此解離相關的神經生物結構變得「過度敏感」——太過活躍。這樣的人會覺得自殘是一種自我安撫、減緩疼痛的可靠方式。

歐普拉：太神奇了。我想瞭解這件事已經很久了，我們之前說過，我的學校裡有許多出身於艱苦貧困背景的學生。我創立歐普拉女子領袖學院就是為了給她們機會，她們的人生走向也改變了。儘管如此，學校裡依然有自殘的問題。每次我收到報告，都覺得很困惑，為什麼她們會**知道**要自殘？是從哪裡學到的？是不是看過別人這麼做？要是沒有這所學校，這些孩子依然住在村子或小鎮裡，她們還會自殘嗎？其他村民也會自殘嗎？

培理醫生：這個問題很有趣。如果從早期創傷來看，具有這種過度敏感反應的幼童，有時會在摳疤或抓蚊子咬的包時發現這種感覺——**哇，好舒服**。他們學到自殘行為可以帶來調節。但以刀割自殘的全體而言，這只是一小部分。我們發現，許多人是從同儕那裡學到的；甚至有時當熱門電視節目談到自殘時，發生的機率也會上升。

有些孩子會嘗試自殘，然後覺得，**不玩了，好痛，我不要再做了**。其他孩子卻會覺得，**哇，好舒服喔。**就像毒品一樣。高中生當中有部分會嘗試毒品，但只有百分之十八到二十的人會重複使用，無法戒除。如果觀察那些一次又一次沉淪毒品的人，其中非常高的比例有過成長期負面經驗。那些不會再嘗試的孩子，有成長期負面經驗的比例比較低。

歐普拉：對於一些有過創傷經驗的人而言，毒品是另一種調節方式。

培理醫生：對極了。適應不良的「自我調節」有很多方式，但全部都脫離不了壓力與獎賞系統的基本神經生物學結構。例如說，有些孩子會劇烈搖晃、用頭撞牆。

歐普拉：嗯，我看過。

培理醫生：效果是一樣的。也有些孩子會發現，拔頭髮或眉毛也會帶來小小的類鴉片肽暴衝。

歐普拉：瞭解這件事真的很重要。我原本不知道原來全都相關。

培理醫生：孩子會找到安撫的方法。自己催吐有時也會造成那樣的類鴉片肽暴衝。

歐普拉：真的很神奇，不過，這些行為都有點極端。有沒有比較平常的應對行為？

培理醫生：當然有。這種應對行為還可能發展成個人性格，一開始很難辨識，但可能會影響他們遇到麻煩狀況時，是選擇避免還是跳進去，也會影響他們如何與造成挑戰的人互動。

歐普拉：我之前提到過，我人生中有很長一段時間總是急於討好別人，這成為我個性中很大的一部分。我的一切都受到影響——體重、健康、事業、人際關係。曾經受虐、然後又被教導不能說出去的人，最後都會等著討好別人，因為你知道敢有意見，只會招來懲罰。你沒有說「不」的概念。

培理醫生：討好他人是很典型的應對機制，也是解離模式中「順從」行為的一部分。不過，我要再次強調，解離與解離式的自我調節行為，並不全然是壞事。

如果能控制解離反應，這將會是非常強大的力量。讓人善於反省性認知（Reflective

Cognition），讓人能夠集中專注在特定的工作上。催眠、化境、入定——這些都是因為解離才能達到的入神境界。能夠學會控制入神的時間與方式，這是很厲害的天分。歐普拉，我敢保證，妳非常擅長解離。妳有很多超能力，這是其中一種。

歐普拉：是嗎？

培理醫生：當然囉。首先妳愛閱讀。

歐普拉：噢，沒錯，這是真的。對我而言，閱讀一直是一種逃離的方式。讓我能得到個人自由。其實我三歲就學會閱讀了，那之後，我很快就學到，除了我外婆在密西西比的農場，外面還有很大的世界。

培理醫生：而且妳顯然很愛思考。

歐普拉：噢，非常愛。

培理醫生：妳可以在腦海中造訪很多地方，想像未來的樣貌，很多人很難做到。這就是解離。很健康，有療癒功效，有助於生產。就是因為這樣，我們必須非常小心，不能隨便將解離貼上病理標籤，當作全然負面的行為。解離可以是一種非凡的力量。

不過，根據妳的說法，有時候解離適應會導致妳變得太過順從。妳總是想滿足別人的要求。

歐普拉：是的，討好別人。

培理醫生：那是妳的內建模式。不要引人注目，做別人要求的事，不要給別人發脾氣的理由……別人要什麼就給他們什麼。

歐普拉：百分之百。別人要什麼就給他們什麼。

培理醫生：但是隨著時間過去，妳變了。妳漸漸改掉那種過度順從的行為。妳經常用一個詞：**意圖**（Intention）——當妳說這個詞的時候，我會想到「可以控制」（見圖3）。妳的生活很忙碌，充滿各種挑戰與要求，但妳接收那許多壓力源，用界限與意圖，讓妳生活中的壓力模式變得比較可以預期、可以控制、程度適中。這就是療癒以及建立復原力的壓力啟動模式。

歐普拉：我是從蓋瑞．祖卡夫那裡學到意圖的力量。這真的改變了我的一切；成為我人生中的引導力量。蓋瑞告訴我，任何想法、任何行動都要先有意圖，所有經驗的結果都由起步時的意圖所決定。聽起來好像很複雜，但其實只是在做所有事情之前，都先問自己，**我做這件事的意圖是什麼？**

一旦我確定之後，就會根據我的意圖來做決定，而不是我認為別人想要我做的事，或是我認為可以討好他們的事。我的人生中遇到過許多惡霸，但意圖的力量幫助我設定界限，只做我想做的事，因為這些事讓我感覺真實。無論做多大或多小的決定，學會說「不」讓我得到療癒。意圖拯救了我的人生。

不過，說到決定與選擇，我想談談一個讓很多人困惑的問題。為什麼創傷受害者很容易落入虐待關係？

培理醫生：我想把問題擴大一點，因為我們該瞭解的不只是虐待，而是所有行為，這很重要。關鍵在於，我們所有人都傾向於被熟悉的事物吸引，即便熟悉的事物不健康或具有毀滅性。我們會被從小就認識的事情所吸引。

正如我們之前所說的，小時候，我們的大腦開始理解我們的經驗，創造出我們看待世界的「工作模型」。人生最初那些經驗的調性與強度，會成為大腦構築的中心。因此，如果早年得到了安全、關愛的照顧，你會認為人性本善。而且，我們之前也提到過，這樣的世界觀，會讓你將「善良」投射在遇到的人身上，而投射出的善良將會引來善良的事。

不過，倘若在童年時期的經驗充滿混亂、威脅、創傷，你的大腦會以**世界很危險、人不值得信任**為基礎而構成。想一下詹姆斯。他接近人的時候不會感到「安全」，親密令他感覺有威脅。

而最令人困惑的一點則是：當世界符合他的世界觀時，詹姆斯會感到最自在。遭到排斥或不當對待更加強了這個觀點。對任何人而言都一樣，核心信念遭到挑戰是最令人不安的事。正如同心理學家維吉尼亞．薩提爾（Virginia Satir）所說，**與其受不確定所折磨，我們寧願要確定會發生的折磨**。無論好壞，我們會受到熟悉的事物吸引。

歐普拉：也就是說，曾經受虐的人，可能會因為熟悉而與有虐待傾向的人交往？

培理醫生：沒錯。事實上，當這樣的人進入一段關係，而對方沒有做出任何不好的事，他反而會覺得越來越不舒服。然後在不知不覺中，他的大腦會尋求「可以預期」的反應。他可能會企圖刺激對方做出一點反應。**如果我這麼做，或許會激怒他。**如果成功引起了最熟悉的行為——對方生氣，做出不好的事——反而證實了他的想法。他的世界觀得到確認。即使結果充滿混亂、衝突，也會因為熟悉感而帶來安慰。

歐普拉：我和學校裡的很多學生談過這件事。我們精心挑選出聰明又有潛力的年輕女子，但是她們很多人在生長的環境裡，看不到真正的愛是什麼樣子，也不知道愛的表達是什麼感覺。在她們的社群、家庭、甚至親人當中，女性都會受到系統性的虐待，而且不只是肉體虐待而已：答應要來的人不會出現，做出的承諾不會實現。最終她們開始相信那就是愛。她們受到訓練。因此，當學校裡的孩子遇到一個真正會尊重她的年輕男子，她會自動認為他有問題。就像你所說的，她會故意做一些事情刺激他；結果就是，她破壞了這段關係，逼他以她熟悉方式對待她——逼他離開。就像作家馬雅·安傑洛（Maya Angelou）常說的：「別人如何對待你，都是你自己教的。」

因此，我真的很想知道：如果大腦已經發展成這樣了，還有可能解決這個問題嗎？如果可以，該怎麼做？

培理醫生：好消息是人的一生中，大腦都有可塑性。我們**確實**可以改變。用妳最喜歡的詞來解釋，如果我們知道應該要解決什麼問題，就能夠有意圖地進行改變。關鍵在於要辨認出模式。

歐普拉：嗯，好。首先要將所有點連在一起。不過，要如何讓他們看出這其實是同樣的問題一再顯現？只是換了一個樣子？因為通常都是這樣。他們的人生中一再出現同樣類型的人，只是換個身分——可能是上司或跋扈的朋友。

我對學生說：「妳們看，有一條線貫穿妳們的人生。看看妳們交的朋友，看看妳們有怎樣的人際關係，妳們所吸引的男朋友——然後再看看他們之間有怎樣的共通之處。然後問問自己，這些人給妳們怎樣的感覺——這些感覺當中，哪些會勾起妳們曾經有過的感受。接著，當妳們經歷這些感受，並且說：『老天，我好沮喪。』這時候，注意一下那個人是否勾起了原本就存在的東西。」

培理醫生：這樣的模式確實會貫穿人生——而且往往他們的父母、祖父母也是如此。

如果沒有認清問題就很難改變。我們研究的那些兒童與成人已經太過習慣混亂，以致於他們處在混亂狀況時，比在平靜狀況下更自在。當他們去到新的學校或寄養家庭，裡面的人可以預期、一致可靠、體貼用心，他們反而覺得不舒服。慢慢地，他們越來越不舒服，最後刺激對方做出他們可以預期的反應。我聽教師和寄養父母說過：「感覺幾乎像是他想要被處罰。」

在一定的程度上，他們的想法是正確的。孩子想要世界給他可以預期的回應。對他而言，可以預期的反應就是懲罰、排擠、輕視。他在尋找證據，想證明自己的世界觀是正確的：**世界很混亂。人不值得信賴。我沒有歸屬。**他試圖被趕出教室；他設法被趕出寄養家庭。治療一開始的時候，我們會教育成人，讓他們瞭解那些孩子行為背後真正的意義，以及他們要如何辨識，以免再次觸動。

歐普拉：十年前，我在南非的學校剛開始營運，我打電話給你，你跟我說過一模一樣的話。

培理醫生：我記得。

歐普拉：才剛來學校的孩子突然開始搗亂，我們不知道原因。我知道她們可能會想家，不過，你認為她們可能有創傷相關問題，甚至是創傷後壓力症候群。你指出，無論她們生活的環境多艱辛，來上學還是等於離開家。在家裡的時候，可能六個人睡一張床，在學校變成一個人睡。床單不一樣，舒適程度不一樣，秩序感不一樣。學校裡的教職人員都會關愛孩子——給她們支持、支持、更多的支持。

培理醫生：這樣的秩序、穩定、關愛，對她們的世界觀是一種挑戰。她們的大腦納悶，**這到底是怎麼回事？**她們想著，**我想要熟悉的東西**。於是她們開始搗亂。她們在有秩序的地方製造混亂，想著，**我要製造出熟悉的感覺**。

歐普拉：我想要失序。我想要熟悉的感覺。

培理醫生：沒錯。所以妳必須給這些孩子時間和經驗。她們需要耐心、理解，以及足夠的新經驗，幫助她們重新塑造世界觀。她們需要時間，以全新的連結製造出神經網路。而歐普拉學院給許多學生這樣的環境——幾年的新機會；幾年的時間以認知的方式學習新事物；最重要的是，幾年的新人際關係、結構、期望，以及新的社會與情緒課程。她們的世界觀改變、擴展，變得清晰、堅固。這樣的過程需要時間、耐心，有時候甚至是心理治療的幫助。

歐普拉：不過，必須是正確的治療。

培理醫生：真的很有意思——大部分的人都認為心理治療只要去見醫生，然後發生過的事就能解除。然而，過去的經驗在你腦中製造的東西，已經存在的聯想無法刪除。人無法擺脫過去。

心理治療比較像是建造新的聯想，創造全新、健康的預設路徑。心理治療就像是原本你有一條雙線道泥土路，現在重新建造一條平行的四線道高速公路。舊路還在，但不會再使用。心理治療是為了建造更好的新選項，新的預設模式。這需要重複以及時間；老實說，知道如何改變大腦的人會做得比較好。正是因為如此，所以大家都該知道，創傷對我們的健康會產生怎樣的影響。

Chapter 7

創傷帶來的智慧

社交連結建立復原力，復原力有助於創造創傷後智慧，

有了智慧就有希望。你自己擁有希望，

那些見證、參與你療癒過程的人也會擁有希望。

「小孩子的復原力很強——他們很快就會放下了。」

這句話我聽過太多次。一位紐約市府工作人員站在依然在冒煙的世貿中心廢墟前面這麼說；在韋科（Waco）掃蕩大衛教派（Branch Davidian）[6]山莊之後，調查局探員、德州騎警、菸酒槍砲及爆裂物管理局（Bureau of Alcohol, Tobacco, Firearms and Explosives，ATF）的人坐在一起也都這麼說；三名兒童目擊槍擊事件，最先到場的警員走在血跡斑斑的公寓裡這麼說；校園槍擊事件之後，地區警察也這麼說——唉，好幾十起校園槍擊事件。所有人都重複同樣的話：「幸好小孩子的復原力很強。他們不會有事。」

我們經常會擅自認定別人有「復原力」，藉此作為情緒上的盾牌。面對別人的創傷時，我們想要保護自己，以免感覺不自在、困惑、無助。這算是一種眼不見為淨；讓我們的世界觀不會受到挑戰，讓我們的生活繼續下去，不受太大的破壞。

當一個人受創傷或哀悼所苦時，我們常會看到這種現象，他們的家人、朋友、同事會漸行漸遠，生怕被創傷痛苦強大的力量拉進去。當「探望」的次數越來越少，談話越來越浮面，互動變得短暫，其他人漸漸「往前走」，繼續過他們的生活，哀悼或創傷的人會覺得自己越來越無力，孤立無援、淒涼寂寞。受到創傷的人不會在最初幾週就情緒跌到谷底。最初幾週，家人、朋友、鄰里通常會動起來，給予情緒上的支持。你所儲存的生理與精神能量也有幫助，通常會以解離的方式表現。不過，雖然每個人的經驗不太相同，但大約過了六個月之後，才會真正跌到谷底。然後會一直在谷底漂流，因為週年反應（Anniversary Reactions）[7]、刺激信號與療癒的機會而浮浮沉沉。有些人會一直往上浮；有些人會一直往下沉。所有人都不一樣。

當面對大規模或群體的創傷事件時——戰爭、飢荒、自然災害、校園槍擊，以及奴役造成的跨世代影響——常會看到同樣的合理化與逃避行為。特權團體會轉開視線，不看那樣的痛苦。面對系統性種族歧視，我們會說：「看啊，他們的處境已經改善很多

6 大衛教派，美國的一個基督教新興教派，後來分裂為不同派別。一九九三年美國執法人員圍困大衛・考雷什（David Koresh）所領導的派系在德克薩斯州韋科附近的總部，造成雙方共八十六人在事件中死亡。

7 週年反應，意指每年一到固定時間，就有強烈情緒起伏的異常現象。探究原由，多半是先前在該時間，個人曾有過創傷經驗。節日本身的屬性也可能提醒與特定對象有關的痛苦記憶，使其反覆想起不堪回首的往事，導致身心受到影響。

了。」面對文化滅絕，我們會說：「他們需要融入主流。」面對創傷，我們會說：「幸虧他們的復原力很強，真是太好了。」創造出「他人」太過容易。「我們和他們」的分別，深深內建在我們的神經生物系統中；正因為如此，情感連結才會是一把雙面刃。我們和自己的族人關係密切，但是對外族人就不是這樣了——我們和他們競爭，奪取有限的資源。

當一群人或一個社群受到創傷影響時，事件會有一個震央：失去最多、最痛苦的那些人。大家會立刻將關心、精神、資源集中在震央。人們趕去幫忙。不過這樣的協助通常時機不對、缺乏組織，而且幾乎總是對創傷毫無瞭解。事發後的頭幾個星期，好幾千人自願付出時間；六個月後，卻再也沒有人出現。最初那種想幫忙的衝動過去之後，創傷失落的劇烈痛苦漸漸散去，人們也一一離去。學校或城鎮不願意被人視為遭受創傷的地方，希望別人認為他們蓬勃發展。人們厭倦了談論創傷；他們想要談療癒與希望。這時候，那些立意良善、想要「出一份力」的人開始運作：印著堅毅標語的T恤、送玩具熊給還沒回過神的孩子們。失去孩子、還在哀悼的父母，被請去足球比賽現場接受「表揚」。這些彆扭、善意的舉動都是我們努力想要幫忙的心意——也有助於抹去我們的無力感。

創傷過後，大家最難理解的一件事，就是無論任何東西、任何人都無法帶走痛苦。然而，這正是我們急著想做的——因為我們是社會性的動物，會受到別人的情緒感染，當身邊的人痛苦時，我們也會跟著痛苦。很難和一群人生毀滅的人坐在一起而不感覺到憂傷。解除或否認其他人的痛苦——眼不見為淨，有助於我們的調節。

於是我們武斷地認定別人天生就有復原力。我們說出那種概括全體的話，讓我們可以把受創傷的孩子邊緣化。我們不再聚焦在悲劇上，繼續過我們的生活，告訴自己「他們」不會有事。但我們在討論中已經說到很多次，創傷的影響不會輕易消失。

我們可以幫助彼此療癒，但擅自認定別人有復原力與忍耐力，往往會導致我們看不見這件事：有一種療癒會帶我們走上一條痛苦的道路，最終得到智慧。

——**培理醫生**

歐普拉：你說過一句非常發人省思的話：「小孩子並非天生就有『復原力』；他們是天生具有可塑性。」可以請你解釋一下其中的差異嗎？

培理醫生：橡皮球不管怎麼捏、怎麼彎、怎麼用力壓，最後還是會恢復原來的形狀。橡皮球的復原力很強；發生創傷事件之後，當人們說「小孩復原力很強」，他們所說的「復原力」是橡皮球那種意思。他們沉溺於一廂情願的想法，以為小孩經歷過創傷壓力之後，可以神奇地不受任何影響。就好像小孩的情緒、生理、社交、認知健康都可以恢復原本的水準，不會改變。但我們在這本書中一直在討論，復原力不是這樣運作的。我們隨時在改變。所有經驗無論好壞，都會讓我們發生改變。因為我們的大腦可以改變──具有可塑性。時時刻刻在改變。

想像一個金屬衣架。當你需要從排水管鉤出東西的時候，衣架是很方便的工具。你把衣架彎成想要的形狀，衣架有可塑性。用完之後，你或許會想把衣架恢復成原來的形狀，但就算你是折衣架的天才，也不可能恢復到原本的樣子。被折過的地方會變得比較容易斷。如果在同樣的位置一次次折彎衣架又拉直，那麼衣架遲早會斷。

我們之前談過復原力，確實，當面對挑戰甚至創傷時，兒童與成人都可以「展現復原力」，這是我們精神科的說法。人可以展現復原力，也可以像我們之前說過的那樣，培養復原力。不過，所謂的復原力並非像橡皮球那樣，而且也不是小孩子就自動會有。經歷創傷之後回歸「基準」的能力受到很多因素影響，其中最重要的是情感連結。

歐普拉：也就是說，無論什麼年紀，遭遇創傷之後都不可能毫髮無傷？一旦遭遇創傷之後，就不可能恢復到像以前「一模一樣」？

培理醫生：在某種程度上，沒錯，這也是我剛才所說的意思。不過，我想澄清一下，我們業界確實有復原力這個概念。如果仔細觀察遭遇創傷經驗之後的生理變化——小到基因表現——創傷會造成所有部位的某些變化。

即使沒有造成任何「現實生活」的問題，即使受到創傷的人展現出復原力，那些改變還是在。例如說，受創傷的孩子雖然學業依然出色，但可能得花上比以前多很多的精神與努力。也或許孩子可以回歸原本的情緒功能水準，但神經內分泌系統的變化，卻可能使他容易罹患糖尿病。基本上，這就是童年負面經驗研究所顯示的結果：負面經驗會影響兒童發展。就這樣。不過，影響的方式、何時會顯現、是否有「緩衝」——這些都很難說。不過，發展性創傷永遠會影響我們的身體與大腦。

歐普拉：如果觀察受創傷兒童的大腦，會有什麼不一樣嗎？

培理醫生：目前的大腦造影技術算是相當成熟了，但還是不夠精細，無法掃描個別兒童之後，全然篤定地說，例如：「前額葉皮質活動不足是虐待造成的。」不過，如果找來兩群孩子，一群沒有受過虐待，而一群在類似的時間受過類似的虐待，那麼，就會發現他們大腦某些部位的大小有統計學上的顯著差異，「連結」會不一樣，「活動」也會不一樣。然而，成長、大腦以及創傷本質造成的複雜性，使得神經造影研究非常難以解讀。

歐普拉：那麼，如果兩個同樣三歲的孩子，一個得到關愛與支持，另一個受到忽視與虐待，可以看出他們的大腦有所不同嗎？

培理醫生：我要重申，這真的很複雜，不過，如果忽視的種類屬於「整體、全面忽視」，那麼確實會。只要用正確的造影技術，就能看出差異。不過，我要再說一次，真的很難解讀。

要知道遭受創傷或忽視之後大腦的變化，最好的指標絕對是「功能性」的變化：這個孩子是否過度衝動或無法專注？是否有口語表達、語言或精細動作控制問題？是否憂鬱或焦慮？是否有學習障礙？是否能建立並維持健康的人際關係？比起腦部掃描，這所有指標都更能看出變化。

腦部掃描**確實**顯示我們每個人都有獨特的大腦——想一想我們之前討論過的那些事情，其實一點也不意外。因為我們每個人都有獨特的大腦，我們經驗壓力、痛苦、創傷的方式也可以說都很獨特。甚至，受到相同創傷的兩個人會有完全不同的反應——恢復的狀況也不同。當一個人能夠在情緒上「恢復」——回到受創傷之前的功能水準——我們即稱之為「展現復原力」，而這樣的能力是可以塑造的。換言之，應對壓力、痛苦、創傷的能力是能夠改變的。我們可以幫助別人建立這種能力。可以將應對機制變得更強、更有效。

歐普拉：小時候我們會說「熬過去」。我們沒有詞彙形容許多非裔美國人所經受的那種創傷，於是我們說「熬過去」。教堂是很重要的角色，幫助我們度過難關。大家一起「熬過去」。

培理醫生：妳點出了建立復原力的中心重點。與其他人的情感連結，是面臨壓力源當下的緩衝關鍵——也是治癒過去創傷的關鍵。全心陪伴、給予支持、愛護關心，和這樣的人相處。得到歸屬。

當然，一個人展現復原力的能力還會受到其他因素影響。一些最重要的因素，與你的壓力反應系統敏感度有關。任何會讓系統變得更活躍、更敏感的事都會讓你變得更脆弱。其中可能也包括基因因素、在子宮內接觸酒精、曾經有過依附問題，或是舊有的創傷。

我們再回到討論的起點，回到核心調節網路。核心調節網路包含一組非常重要的神經網路，整體結構會接觸到身體與大腦的所有部位。我們知道，當這些系統組織良好、富有彈性並且「強壯」的時候，我們就會有能力應對各種形式的壓力（見圖2、3）。我們也知道，可以控制、可以預期、程度適中的挑戰，可以讓核心調節網路變得更強。

我們的壓力反應能力得到「練習」之後會更加擴展。因此，如果兒童在成長期間有機會得到可以預期、程度適中的挑戰，長大之後面臨挑戰時，便會更有能力展現復原力。

這樣的過程最早開始於當新生兒感到飢餓、口渴、寒冷，用心、專注的照顧者滿足他們的需求。之後，他們會爬行離開父母給予的安全，開始探索世界；因為是新經驗，所以會啟動他們的壓力反應——但程度適中。當他們無法承受時，就會爬行回到「安全基地」。這個過程——離開安全的地方，探索新事物，回到安全的地方——幼童或兒童會重複千萬次。透過這些小型挑戰，他們建立能力，在面對無法預期的壓力時，可以展現復原力。

所有發展都需要接觸新事物，而這麼做會啟動我們的壓力反應。如果有安全穩定的關係基礎，千千萬萬次適度的壓力劑量，有助於創造富有彈性的壓力反應能力。每個新學年，認識新同學、新老師，學習新課程，這些可以提供適度、可預期的壓力源。參加體育、音樂、戲劇和其他活動，製造出更多機會，讓孩子承受可以控制、可以預期的壓力，能幫助孩子建立復原力。

而在這段過程中，**人際關係**是最重要的關鍵。對於嬰兒而言，與主要照顧者之間的關係會影響他們未來的所有人際關係能力。必須要有愛護、關懷的關係，孩子才能面對挑戰；當面臨新挑戰時，成人可以示範、鼓勵、伸出援手。而那樣的人際關係獎賞——微笑、鼓勵的話、恭喜他有進步、恭喜他完成——會讓孩子有動力去重複並且熟練。沒有這些人際關係支持的孩子，不會有太多發展性的成功。

給予支持的父母、老師或教練，也會幫忙提供「劑量」適當的挑戰給孩子，這一點真的很重要。挑戰應該符合孩子的發展階段，因為不可能達成的挑戰等於設計要讓孩子失敗。不能期待還沒有學過乘法的孩子會懂代數；剛學會寫字的孩子不可能寫整段文章。這就像童話《三隻小熊》裡那個金髮女孩的狀況[8]。挑戰不可以太大，但也不可以太小；必須夠新奇，這樣孩子才會願意走出舒適圈，離開他們已經有過的經驗、已經熟練的技巧。要達成建立復原力的目標，挑戰必須適度——恰到好處。

對於有創傷的孩子，要找到「恰到好處」的難度是個大問題。別忘記，他們經常生活在持續性的恐懼狀態中。恐懼會關閉大腦皮質的一些部分——而皮質是大腦思考的部位。在課堂上，對許多孩子而言是適度並符合發展階段的挑戰，對於壓力反應過度敏感（見圖5）的孩子，就可能變成無法承受的要求。

歐普拉：也就是說，兒童需要挑戰才能建立復原力，不過，挑戰造成的壓力必須恰到好處，而且必須有支持的力量在一旁，否則孩子會調節不良並且失敗。如此一來，不但沒有建立自信與復原力，反而可能侵蝕自我價值或發生更嚴重的後果。

培理醫生：沒錯。需要讓壓力反應系統適度啟動。想要成為好的運動選手，就必須挑戰心肺系統與肌肉，但是必須以可預期、程度適中的方式進行。否則就可能會受傷。

歐普拉：除非面對挑戰，從中建立復原力與同理心，否則無法成為健全的人類。

培理醫生：是的。健康的發展包括一系列挑戰，以及探索新事物。失敗也是其中很重要的一部分。我們嘗試，我們跌倒，站起來，再試一次。一次又一次。所有發展性的

8 此處指由《三隻小熊》衍生出的「金髮女孩原理」（Goldilocks Principle），用以表達「恰到好處」的概念。在童話中，一位金髮女孩闖進三隻熊的家，發現三碗粥，一碗太燙、一碗太冷，而她選了不冷不熱的第三碗。之後又在三張椅子及床中選擇了最合適的坐下及睡覺。

成功都發生在失敗之後，往往在熟練之前會經歷很多次失敗。關鍵在於挑戰必須是能夠達成的——夠接近你目前的能力，只要稍加鼓勵、練習、重複就可以成功。

當孩子處在能感到愛與安全的環境中，就會選擇離開舒適圈。安全與熟悉太「無聊」；安全、穩定的孩子充滿好奇心——他們想探索新事物。然而，缺乏安全感的孩子不會想這麼做。這是健全發展的基本規則：安全感與穩定感提供健全成長的基礎。

歐普拉：你所描述的那種過程，對於一個家庭混亂、沒有依靠的孩子會非常困難。我想到曾經遇過一些人，只要你說的話讓他們感覺到批評或對抗，他們就會立刻準備戰鬥；一點點小事就能讓他們爆發。

培理醫生：是，這樣的人可能壓力反應系統過度敏感。我們的大腦接收到感官輸入之後，處理的順序是由下層到上層（見圖2、10）。如果一個人的生活中有著混亂、失控、極端、長期的壓力，尤其是在人生早期，他們比較可能會沒有思考就行動。他們的皮質不夠活躍，因此，腦部下層區域的反應變得比較主導。

調節不良的人很難產生有意義的連結，也很難溝通。幾乎無法和他們講理。因此，叫調節不良的人「冷靜」絕對沒用。

歐普拉：只會惹他們更生氣。

培理醫生：當然。當一個人非常不悅的時候，語言本身的效果就很有限。說話的語氣與節奏說不定效果比語言好。

歐普拉：所以只要陪伴就好？

培理醫生：是，只要陪伴就好。如果要說話，最好用他們已經講過的話；這叫做**反映式傾聽**（Reflective Listening）。當一個人生氣、悲傷、沮喪的時候，不可能只靠說話就讓他們擺脫壞情緒，但你可能成為一塊海綿，吸收他們強烈的情緒。只要你能保持調節良好，遲早他們會「感染」到你的平靜。當你這麼做的時候，也可以使用某種有節奏的調節活動，讓自己保持調節良好——例如散步、來回踢球、投球、並肩著色；能夠幫助我們調節的節奏性活動至少有幾十種。

歐普拉：因為做些有活動、有節奏的事，能夠以更有連結的方式溝通。

培理醫生：我們之前討論過，節奏很重要，這種心理治療工具往往遭到忽視。我記得有一次聽麥克·羅斯曼說話，也就是我們第一章見過的那位韓戰老兵。他告訴我他週末的活動。雖然我說在「聽」他講話，但其實我只用一半的心思聽，另一半神遊去了。我覺得同樣的內容好像聽過至少十次了。「星期六晚上我像小嬰兒一樣睡得很熟，一整夜都睡得很好。星期天感覺很棒。但是昨天晚上我又失眠了。」這時，我腦中將線索拼湊起來。我真的聽過至少十次！每個星期一，麥克都這樣描述星期六夜晚。

我看著他，表情很不好意思。「剛才你說這個週末做了什麼？」

他說：「我們去吃晚餐，然後去舞廳。」

「你們在舞廳做了什麼？」

他揚起眉毛看著我。

「噢。你們去跳舞，對吧？跳了多久？連續幾個小時？還是一、兩首歌？華爾滋？嘻哈？」

「那裡播放各種音樂，不過大多是搖擺樂，一點搖滾和其他歌。我斷斷續續跳了快三個小時。」

「上個星期你說過，做完物理治療之後的按摩過程中，你睡著了，對吧？」

「對。」

思考這件事，讓我開始拼湊出結論：固定模式的重複活動，如舞蹈或按摩，或許有助於調節。妳應該記得，麥克・羅斯曼有創傷後壓力症候群。他的壓力反應系統，包括核心調節網路，太過活躍、太過強烈，因此他難以入睡。當他終於入睡時，過度敏感的壓力反應系統，也讓他難以在睡眠的各階段間順利轉移。因此他睡眠很淺，通常只睡幾個小時就會醒來；有些晚上，他好不容易入睡幾分鐘，但一點點聲音就能將他驚醒。他總是很疲憊。但現在他告訴我，跳舞幾個小時之後，他睡得很久、很香，順利消除疲勞，而在按摩時才過幾分鐘他就睡著了。

從這個角度推想，麥克的治療當中，有很大一部分是「物理治療」。一週有幾次，他會接受按摩治療他「受傷的背」。我鼓勵他整個星期都去跳舞、散步，時間可以短一點。

慢慢地，他走遍整個城市。自從安排出比較有結構的節奏活動時間，他的睡眠改善許多。創傷後壓力症候群造成的其他問題，也變得比較緩和。

歐普拉：真的很不可思議，只是走路那麼簡單的事，竟然有那麼好的效果。我一直覺得走路的調節效果很好。

培理醫生：走在自然環境中效果更好。自然世界的感官元素會用自己的調節節奏浸潤我們。

接下來，我們繼續討論如何幫助調節不良的人改善。最好不要說：「**嘿，告訴我你在想什麼。**」而是讓他們控制說出來的時機、要說出多少讓他們難受的事。只要給他們控制力，幫助他們感到安全，他們會慢慢調適，最終比較能夠說出來。

歐普拉：對！我記得第一次訪問伊莉莎白・史馬特（Elizabeth Smart）的父母。你應該記得，她在十四歲時被人持刀從家中劫走，受到監禁超過九個月。她被尋獲之後，我訪問她的父母，我問：「她有沒有說什麼？你們談了什麼？」他們告訴我，她什麼都還沒說。那時候我很驚訝，但現在我懂了，他們在等她，以她自己的步調、自己的方式說出。因為，如你所說，如果由別人控制受創傷的人何時開口、要說多少，那麼，不但沒有療癒的效果，反而會造成二次創傷。

培理醫生：就是這樣。我們想要提供能幫助治療、療癒的交流。程度適中、可以控制、能夠預期的交流。還記得妳之前描述過和蓋兒談心的事嗎？還有那個小男孩告訴收銀員他媽媽過世的事？能夠控制說出的時機、內容、要說哪個部分，這些能讓受創傷的人創造自己的康復治療模式。沒有人比真正遭受創傷的人更瞭解如何調節回顧創傷記憶的適當劑量。對於那個在超市的小男孩，適當劑量只有短短幾秒而已。

我們談過會導致「過度敏感」的壓力啟動模式，過度敏感與具有復原力是恰恰相反的兩件事。但是，當我們以能夠控制、可預期的方式啟動創傷記憶與壓力反應系統，就可以開始療癒過度敏感的系統。當一天中有數十次治療時刻，讓受創傷的人控制、回顧、重新處理創傷經驗，這時療癒就會發生。

當生命中有許多朋友、家人與其他健全的人，你就擁有自然的療癒環境。當身處群體當中，療癒效果最好。創造出一個網絡——或是聚落，想怎麼稱呼都可以——讓你有機會用可以控制的適中劑量回顧創傷。壓力啟動模式最終將導向調節較為良好的壓力反應曲線（見圖5）。然後，受創傷而導致壓力反應過度敏感的人就可以變成「神經典型」——敏感度較低、不那麼容易受影響。事實上，他們最終可以培養出展現復原力的能力。

從**受創傷**到**神經典型**到**復原力**，這樣的旅程有助於創造出獨特的力量與觀點。這樣的旅程能創造出創傷後智慧。

千千萬萬年來，人類生活在跨世代的團體中。沒有精神科診所——但同樣有很多創傷。我猜想，我們的祖先應該有很多人經歷過創傷後困擾：焦慮、憂鬱、睡眠障礙。但我也猜想他們同樣經歷過療癒。倘若大量受過創傷的祖先失去運作能力，那麼人類也不可能存活。傳統治療有四大基石：一、向族人與自然世界尋求連結；二、透過舞蹈、打鼓、歌唱，以節奏協助調節；三、一套信念、價值觀、故事，即使是毫無道理的創傷也能賦予意義；四、在巫醫或長老的引導下，使用天然迷幻藥物或植物提煉的其他物質促進療癒。

現代治療創傷時所使用最好的方法，基本上就是這四大基石的另類版本，說來一點也不奇怪。只可惜現代方法很少全部用上這四者。現代的醫療模式過度集中於精神藥理學（四）與認知行為療法（三）；卻大多低估情感連結（一）與節奏（二）的力量。

我曾經治療過一位四歲的女孩，她名叫愛莉。她目睹父親殺死母親之後自殺。愛莉生活的社區鄰里關係緊密，經歷過父母死亡的創傷之後，她住進一位阿姨家。他們家在同一個社區裡至少有三十位親戚，堂表兄弟姐妹、姑姑阿姨、叔伯舅舅、祖父祖母。他們總是一起慶生、過節、舉辦家族活動。愛莉積極參與教堂及體育活動，她就讀的小學也給她充分支持，並且有好幾位「創傷知情」教師。我們的工作有一部分在於教育她生命中的成年人——包括學校老師——認識創傷。案發之後的頭幾個星期，我們一週為愛莉做大約三次諮商。一個月過後，減少成一週一次。滿一週年時，我們只需要一個月見她一次。又過了六個月，我們告訴她阿姨，有疑問或狀況再聯絡我們就好。我最後一次聽到愛莉的消息，是她在中學獲選擔任班長，在教會與體育方面都很活躍，學業成績出色。她和阿姨都沒有回報重大症狀。當然，有時候愛莉也會傷心，但她是個正向、快樂、擅長與人互動的孩子。創傷雖然留下疤，但她熬過去了。她擁有明智的靈魂。她發展出創傷後智慧。

歐普拉：創傷後智慧。我喜歡。愛莉的經驗有了好的結果。這難道不是孩子有復原力的例證嗎？

培理醫生：當然是。但她的復原力不是天生的。愛莉面對悲劇時能夠展現復原力，是因為她的人生早期有許多充滿愛的關係。復原力也有盈虧，並非與生俱來、永遠不變的力量。若非愛莉有安全、穩定、關愛的大家族，能夠理解的老師，以及強烈的信仰，她「恢復」的能力很快就會耗盡。她之所以能夠治癒，能夠持續展現復原力，是因為她一直有安全、穩定的人際關係，她透過這些關係「理解」恐怖，並且用信仰加以解釋。如果欠缺人際關係，並且持續遭受壓力、痛苦、創傷，就連看似復原力極強的人也會消耗殆盡。

歐普拉：愛莉的故事，以及你之前說的跨世代部落數千年來的療癒力量，讓我不禁想到小時候住過的密西西比州科西阿斯科市，在那裡，教會是我們生活的中心。每個星期我都會去上主日學校，然後參加十一點的禮拜。我們回家，外婆準備午餐，然後下午三點再回教堂參加另一次禮拜，五點或六點還要去浸信會聯盟上課。星期三晚上，我們去參加祈禱會和唱詩班排練。三歲半的時候，我就在教堂對大家演講。那間位在紅土路邊的白色小教堂，我在那裡度過的時間奠定了我人生的性靈基礎。

後來，我搬去納許維爾和爸爸住，我在巴爾的摩的電視臺找到記者工作。當我準備離開家人以及熟悉的生活，爸爸給我的建議是「找一個教會家庭」。那時候，我以為只是因為他希望我的人生繼續保持信仰。但現在，當我們談論人際關係的療癒力量時，我再回頭去看，這才領悟到他不只希望我找到一個崇拜上帝的地方——更是要找到一個群體，在全新的城市發掘出可以長久維繫的真正連結。

在那個時代，教會就是一切：給予諮商、滋養、安慰、庇護。完全沒有人會說要去看心理醫生；需要幫助就去教會。我之前說過，「我們一起熬過去」。星期天，教會的家人會幫妳張羅吃晚餐的地方；生病的時候，教會的人來探望；拮据到連買食物都有困難的時候，教會的人會幫忙募捐。教會甚至讓我們用節奏創造出療癒效果。我們的音樂讓我們緊密結合，讓我們得以提升。

對於許多人而言，教會不是他們的菜，但每個人都需要願意聆聽、陪伴的人，讓他們感覺自己被聽見、被看見。現在我們討論這個話題，我終於明白，療癒創傷的關鍵在於找到「教會家庭」——屬於你的人們、屬於你的社群。他們可以幫忙建立復原力，給予創傷後療癒，最後則是得到創傷後智慧。幫助你變得明智。

培理醫生：如果沒有經歷過真實人生的磨難，就不可能得到真正的智慧。如果沒有熬過去，就無法發展出創傷後智慧；而正如妳所指出的，最重要的就是要一起熬過去。

歐普拉：社交連結建立復原力，復原力有助於創造創傷後智慧，有了智慧就有希望。你自己擁有希望，那些見證、參與你療癒過程的人也會擁有希望，整個社群都有希望。

培理醫生：就是這樣。健康的社群是有療癒能力的社群，有療癒力的社群充滿希望，因為社群見證過自己的人熬過去——存活下來並且蓬勃發展。

我第一次看到有療癒能力的社群運作，已經是將近三十年前的事了。這次的經驗徹底改變了我對心理治療的看法；我開始明白，絕大多數的治療經驗——療癒力最強的那些——都不是發生在正式的心理治療過程。大部分的療癒都發生在**社群**中。

一九九三年二月，菸酒槍砲及爆裂物管理局突襲位在德州韋科市由大衛・考雷什主持的大衛教派莊園。四位管理局人員與六名大衛教派人士喪生。接下來三天，調查局協商讓莊園裡的二十一名兒童獲釋。然後教派拒絕再釋放其他人，由此展開長達五十一天的圍困。最後調查局攻堅，導致大衛教派的人魯莽縱火，造成七十六名大衛教派人員死去，包括莊園裡剩下的二十五名兒童。

菸酒槍砲及爆裂物管理局突襲之後過了幾天，德州警局的一位警官，請我率領臨床治療團隊照顧獲釋的大衛教派兒童。他們被送往韋科的衛理公會家園，全部住在同一間大農舍裡。他們當中最小的三歲，最大的十三歲，有男有女。他們經歷了長達一個小時的槍戰，目睹社群中的許多人喪生。他們每個都被迫與家人分離，被交給完全陌生的人照顧，而且大多是穿著特種部隊裝備的武裝調查局探員。

我們接手之前那幾天，這些孩子經歷了混亂。每一天都難以預料，每個孩子都必須和數十個陌生人互動，其中有些人攜帶武器。這些孩子成長的過程中遭到洗腦，他們相信只要不屬於大衛教派，就全都是邪惡的「巴比倫人」，企圖毀滅大衛・考雷什與他所有的追隨信眾。這些孩子被迫離開他們熟悉的一切，由他們認為會殺死他們的人負責照顧。簡單地說，這是一群遭受急性創傷的孩子。

我們剛開始治療的那幾天，這些孩子表現出各種急性創傷後症狀；例如，全體的心跳高達每分鐘一百三十二下，正常應該低於九十。大家都急著想要給這些孩子「心理治療」。但我知道這些孩子嚴重調節不良，和他們談話不會有幫助。我認為首要工作應該是為他們的日常生活建立架構，與可以預期的模式。

我們著手將無法控制、無法預期的壓力變成比較可以控制、可以預期。我禁止非必要的人員接觸孩子——不要再出現更多新的成人。每天我們集會兩次，早上說明一天的活動，下午回顧一天的狀況；在集會時，孩子有機會提問。我們安排在固定時間讓孩子遊戲、休息以及用餐。我們給孩子很多做選擇的機會——選擇食物、選擇遊戲、選擇休息的時候要做什麼。

每天，孩子去睡覺之後，我們小組會開會討論每個孩子的狀況，和孩子有過互動的組員都必須描述過程。我將這些短暫交流按時間記錄在表格中。很多都是短暫的治療時刻：可能有個孩子問：「你覺得我媽媽怎麼了？」——聽幾句安慰的話之後又回去玩遊戲。孩子有控制權，可以自行決定要如何談論他們經歷過的創傷事件。他們尋求安全、穩定、能在生理上帶來調節的活動。「幫我推鞦韆。」「我們來畫圖。」我將所有互動時間加在一起，發現儘管沒有正式的「心理治療」時間，但每天孩子都有將近兩個小時的治療互動。我們小組進駐三週之後，孩子的調節狀況改善；全體平均心跳降到一百，進入正常範圍。他們變得比較願意互動、說話，治療活動也變得比較常以言語進行。

我們觀察到一件很重要的事，這些孩子在不同的時間需要不同的治療互動。而且他們比我們更清楚。當一個孩子想要安靜的關愛交流，他就會去找善於聆聽、可以安靜坐著不說話的組員——這對成人而言非常不容易。當他想要玩耍的時候，就會去找比較年輕活潑的組員；當他們想要有權威形象的人給予保證時，就會來找我。每個人都有獨特的人格特質，任何時刻，我們的特殊強項可能剛好符合孩子的需要。沒有任何單一的人或心理醫生，可以滿足這麼多孩子的所有需求，每個孩子都處在不同的發展階段與調節階段。我們在韋科使用的臨床治療架構，讓我更加體認到對兒童而言，「多樣性」有多重要。

想像一下，在一個小型部落裡，有許多家庭及好幾個世代，這樣的環境能提供豐富的多樣性。孩子長大的過程中，身邊會有許多成人與年長的孩子，給予他們示範、教導、養育、管教、照顧。部落裡的每個人都有獨特的強項——在正確的時間有正確的人。單一個人絕對無法提供發展期兒童所需的全部情緒、社交、生理、認知需求。

這和我們的現代社會差異非常大。我們期望有工作的媽媽一個人要同時和八歲小孩玩投球、搖哄新生兒、讀故事書給三歲小孩聽，同時還要烹煮營養的三餐、幫小孩看功課、洗衣服、送每個孩子去睡覺，第二天醒來幫他們做好準備，讓他們去托兒所和上學，這樣她才能去上班一整天。然後趕回家重複所有事。全都只能靠自己。

歐普拉：她需要有人來幫忙——支持她、給她喘息、接手照顧孩子的部分工作。人類不該像孤島一樣獨自生存，我們應該要通力合作才對。因此，當一個單親媽媽只能靠有限的收入生活，還必須管教四個孩子，同時身兼父母，她當然會覺得難以承受或不可能做到——因為真的不可能。

培理醫生：這是我們社會不合理的期望。地球的歷史上，從來沒有其他社會要求一個成人獨自滿足數個小孩的生理、社交、情緒、物質需求。

歐普拉：人不該在孤立無援的環境裡獨自養育孩子。

培理醫生：絕對不該。照理說，照顧孩子的工作應該分配給屬於我們這個「團體」中的成年人——也就是社群。在標準的狩獵採集部落中，每個六歲以下的孩子，都有四個以上的大人可以給予示範、管教、養育與指引。這樣的比例是四比一：四個發展成熟的大人照顧一個六歲以下的兒童。現在，我們卻認為一個成人照顧四個幼兒（一比四）已經夠「豐富」了。對於兒童成長中的社會大腦而言，這樣的比例只滿足了十六分之一的需求。這就是人際關係貧乏。

歐普拉：這讓我不禁同情所有單親父母，他們每天費盡心力，身體與精神上都累壞了，甚至沒有餘力照顧自己。這也讓我對我的母親有不同的看法。她已經盡力了，只是經常太勞累，無法做得更好。

培理醫生：就像妳的母親一樣，很多單親父母最後往往會覺得自己很糟糕——好像他們有什麼毛病，怎樣都不夠好。其實問題出在現代的世界。

與社群的緊密連結在千萬年前很重要，在今天也一樣重要。現代世界的悲劇，就是這樣的社群越來越難找到。並非每個人都有像蓋兒那樣的朋友。積極參與信仰社群的人越來越少。經常有人會覺得自己沒有歸屬。一個人社交孤立的程度與身心健康風險有直接關連。

不過，當一個人有了情感連結——例如妳的教會家庭——當經歷壓力或痛苦時，就有了內建的緩衝。

歐普拉：我們有歸屬。我們夠好了。不過，在現在的世界裡真的很難看到。

培理醫生：想像一下，你的年度考績結果不太好。上司給了負面評價。你覺得非常難過。你一直不停想著這件事，你在心裡想了一次又一次。你回到辦公室跟同事說：「你相信嗎？他竟然講那種話？根本胡說！」你的同事聽完之後安慰你：「別聽他亂講。他最愛放狗屁。」你覺得心情稍微好一點。然後你打電話給另一位同事，對她再吐一次苦水。回家之後又說給伴侶聽。

你進行了三、四或五次的「劑量」，由你控制時機與方式，說出令你難過的評價。當你的觀點被聽見，你得到調節、安慰。第二天，你感覺舒服多了。你創造了一個可以控制、程度適中的方式，回顧令你難過的評價，這麼做讓你改變了對這件事的反應。你不像之前那麼難過了。原本你調節不良，你關閉了頭腦「理性」的部位，將上司的批評扭曲、放大。但現在你更正確地思考他的評價，或許甚至能看出他的話不盡然是錯的。除非透過許多人際關係互動來回顧並調節，不然，我們無法做到這一點。

當我們擁有社群，就可以用這種小劑量的方式，調節任何壓力或痛苦的經驗。我們可以培養並展現復原力。隨時都可以做到。不過，想像一下，當一個人欠缺人際關係，無法得到人際關係帶來的這種調節。當人際關係貧乏的時候，這樣的痛苦經驗會在腦中不斷放大，就像反覆傳遞的回聲。壓力變成痛苦。痛苦的經驗讓他變得太過敏感，最後像創傷一樣對身心造成影響。

這是我們現代世界面臨的挑戰。當我們移動如此快速、如此依賴螢幕、如此欠缺連結，要如何創造社群？如果要創造健全的未來，這是一大挑戰。我們要如何確保所有人都擁有情感連結、安全感與歸屬感？

Chapter 8

我們的大腦、我們的偏見、我們的體制

如果無法體認自己內在的偏見以及所屬體制的結構性偏見——

因為種族、性別、性取向而產生的偏見——

就無法真正成為創傷知情的專業人員。

二○一五年，我在「超級靈魂週日」（Super Soul Sunday）這個節目訪問夏卡．桑戈爾（Shaka Senghor）。夏卡在十九歲那年被判二級謀殺罪。他在牢裡關了十九年，其中關在單獨監禁室的時間加起來長達七年。刑期剛開始，夏卡憤怒又暴力，很快便在矯正制度中沉淪，而制度根本沒有打算幫助他做好回歸外界的準備。不過，在牢裡關了六年之後，他變得不一樣了，夏卡開始轉變。在五尺乘七尺的牢房裡，夏卡冥想、閱讀、寫作——他所寫的東西，後來成為他的暢銷自傳《寫下我的錯》（*Writing My Wrongs*）。

第一次看到書上印的照片，我心中滿是懷疑。這個刺青、留雷鬼辮的殺人犯到底能教我什麼？

那次的談話是我有生以來最棒的一次訪問。

兩個半小時的訪談中，他漸漸說出他的故事，我也慢慢瞭解到——什麼叫做力有未逮，什麼叫做誤入歧途，以及環境造人真正的意義。

夏卡本名詹姆斯．懷特（James White），生長在底特律的中產階級家庭。他的父親是空軍後備軍官，在密西根州政府任職。他的媽媽是家庭主婦，在家照顧詹姆斯與其他五名子女。詹姆斯小時候成績優異，夢想成為醫生。

在外人眼中，懷特一家看似理想的美國家庭。但夏卡說，在他從小的記憶中，媽媽一直很容易暴怒，會拿孩子出氣。

「成長的過程中，你有沒有感受過愛？」

「我常聽到他們說『我是因為愛你才這麼做』。」他說。「但他們所做的永遠是鞭打或懲罰。」我立刻感到同病相憐。

夏卡記得九歲那年，有一天放學回家，他考試得了高分，希望媽媽能夠分享他的喜悅。沒想到她卻用鍋子扔他，非常用力，還砸破了他身後廚房牆壁的磁磚。

我問他後來有沒有得知她生氣的原因。

「我從來不知道。」他說。「我媽經常生氣。」

我聆聽他的故事，心中感到萬分不捨。我不僅同情夏卡，也同情千百萬個受虐的孩子，他們經常在家中感受到令人癱瘓的恐懼。悲劇不只是當下感受到的恐懼——更是他們學會了埋葬情緒，接受那樣的行為。

除了母親的身體虐待，夏卡說他父母離婚前五年的婚姻狀況都很不穩定。每次他們分居，他都感到天崩地裂；每次他們復合，他便歡天喜地。父母這樣的分合循環，讓他也跟著忽悲忽喜。當他們終於離婚時，夏卡說他已經厭倦了被最愛的人背叛，於是築起一道心牆，走向幫派尋找保護與接納。他開始叛逆，打架、不寫作業、逃家。

夏卡的故事最令我震撼的一點在於，他從優等生變成不良少年，卻從來沒有人問他「你發生過什麼事？你為什麼要做出這種行為？」這個孩子徹底迷失方向，卻沒有一個大人察覺或關心。

十四歲時，夏卡販毒、入屋搶劫、店鋪行竊。十七歲那年挨了一槍，那之後他總是隨身帶槍。他身處的文化與環境長期抱持一種想法：年輕男人必須擁有金錢，並得到別人的矚目才算有價值，更要有身為「壞傢伙」的名聲。

「在那樣的地方，我感覺到接納。」夏卡告訴我。「我身邊的人都像我一樣，全都是殘破的脆弱年輕男性，我們物以類聚，以我們的殘破為中心。當時我認為，這就是情義相挺、這就是兄弟義氣。這就是『無論發生什麼事，我都會罩你』。」

「你以前不是很聰明，想要當醫生嗎？」我問。「為什麼你想當醫生？」

他愣住——整整二十三秒——在電視上等於無盡的時間。我感覺得出來他從來沒想過這件事。他終於說出：「我媽媽每次帶我去看醫生的時候，態度都很好。」他再次停頓。淚水湧上眼眶。「我大概以為只要當上醫生，她也會對我好。」那一刻對我們雙方而言，都是深深感人的頓悟瞬間。一個困惑的年輕人，被理應養育他的人排斥，他單純地只是想要得到媽媽的讚賞與愛。

十九歲時，夏卡危險的人生選擇終於到達最高點。一天夜裡，他離開派對回家的路上，和一個名叫大衛的男子起了爭執。吵到一半，夏卡拔槍、扣下扳機，擊中大衛的頭。入監服刑之後，夏卡發現那裡的環境非常熟悉，同樣充滿暴力、弱肉強食。他一次又一次害自己被關進單人監禁室，什麼違規行為都做盡了，小至攻擊警衛，大至企圖逃獄。

最後終於讓他幡然悔悟的，是一封來自兒子的信。

「親愛的爸爸，」那封信中寫著，「媽媽告訴我，因為你殺了人所以在監獄裡。親愛的爸爸，不要再殺人了。耶穌會看見你所做的事。對耶穌祈禱吧，祂會寬恕你的罪。」

「這徹底粉碎了一切。」夏卡告訴我。「我告訴自己，我不要給孩子留下這樣的印象。那一刻，我決定再也不要走向黑暗，我要找到我的光。我必須找到我的光，那是我欠他的。」

二〇一〇年出獄之後，夏卡致力於獄政改革運動。他走遍全國對年輕人演講，分享他的故事，鼓勵年輕人遠離幫派。他在密西根州立大學開課，並且成為麻省理工學院媒體實驗室的研究員。他工作的核心是一份信念：人不該被過去的錯誤所定義，人絕對有可能改過自新。

當人想要為自己的行為尋找理由時，往往會在過程中遇到障礙。**你這是在怪罪過去。**

你過去的遭遇不是藉口。

確實沒錯。你的過去不是藉口。但是過去可以提供解釋——讓你洞悉那個我們許多人經常自問的問題：**為什麼我會做出這種行為？為什麼我會有這種感覺？**我深信不疑，我們的長處、弱點、獨特的反應，這些全都是過去遭遇的展現。

過去的遭遇往往要過很多年才會顯現。要正面檢視自己的行為、剝除人生中一層層的創傷、坦露出我們過去的赤裸真相，需要很大的勇氣。不過，這就是療癒的起點。

——**歐普拉**

歐普拉：三十年前，我們剛開始討論創傷時，沒有多少人知道，創傷會對人生這麼多面向造成影響。現在狀況改變了嗎？當我們觀察學校、健康照顧體系、犯罪司法體系——真的，無論觀察任何地方——都會發現依然有受到創傷影響的人遭到誤解。有時那些理應幫助他們的體制，反而再度造成創傷。

培理醫生：這確實是令人難過的事實。改變一個人要花很長的時間——改變體制要花更長的時間。不過我相當樂觀。許多正面的改變正在進行。更多人意識到創傷的影響有多廣泛，更多人理解到創傷可以影響我們的健康。這條路還很長。要幫助受創傷影響的人，我們需要更多專業人士與組織改變他們「做事」的方法。

歐普拉：你說的是創傷知情照護？

培理醫生：是，也不是。妳也知道，我不太喜歡那個詞。現在很多地方努力實行「創傷知情照護」，成果也令人佩服，但我認為，這樣的用詞反而妨礙了進步。我來解釋一下原因。

我們在書中討論過，創傷對我們的所有體制都會產生複雜的影響，從母嬰健康到兒童福利，到教育、執法、精神健康，還有更多、更多。這些體制各自成一個世界，有各自的專業人士、態度、語言。我們談過個人如何發展獨特的「世界觀」——體制與組織也一樣；他們會發展出一個主導的觀點。在過去，這些觀點大多沒有納入任何對發展、壓力、創傷的深度理解——也沒有納入可能引起壓力或創傷的交互關連問題，例如：隱性偏見、種族歧視、厭女思想。不過，因為有太多關於這些領域、這些問題的新研究浮現，我們的體制無法繼續裝作不存在。當每個體制都努力想捕捉「創傷知情」的意義時，他們會用自己獨特的觀點——屬於他們的世界觀。

如此一來，要定義這個詞變得非常困難。例如**創傷**這個詞，太多團體、太多人以太多不同的方式使用。或許得花一些時間才能釐清。

創傷知情照護——簡稱TIC（Trauma-Informed Care）——在二〇〇一年的時候開始出現，促使精神健康與兒童福利體制認知到，對於他們所服務的人們，創傷是很重要的因素，但常常遭到誤解。

久而久之，許多團體開始使用這個詞，但定義卻很模糊。有些組織辦了一場三小時的研討會，就自稱是「創傷知情」。城市冠上這個名號，就連國家也受到啟發，而成為「第一個創傷知情國家」。這一切都令人困惑。「創傷知情」城市到底是什麼東西？他們濫用專業詞彙，卻很少能拿出相關的實質施行計畫或改變服務規畫、政策。創傷知情「訓練」變成土法煉鋼，成千上百的組織與「專家」很樂意收你的錢，讓你的組織能夠號稱「創傷知情」。可想而知，這樣的訓練素質良莠不齊。

為了因應這樣的亂局，許多國家、州政府、專業組織、跨界委員會、專家小組致力於定義、並實行創傷知情照護。很可惜，各方通力合作的結果，反而讓狀況變得更複雜。正如同這句話所做出的結論：「儘管學界努力了很多年，但依然無法達成創傷知情照護的公認定義。」

出現了數十種版本的創傷知情照護關鍵「元素」、「原則」、「重點」、「素材」、「假設」、「要件」、「領域」、「綱領」。但雖然有一些共通的概念，但類別多到令人眼花撩亂。

結果就是，當有人使用這個詞的時候，很難知道他們說的到底是哪個版本的創傷知情照護。就是因為這樣，當我談論創傷實務、計畫或政策時，總是盡可能清楚描述概念、內容或目標——而不是使用「創傷知情照護」這個詞。

儘管說了這麼多，但其實我認為這些努力真的很重要，而且也確實有進展。所有這些組織都在教育關於創傷的知識，積極宣導、提升大眾的相關認知，並支持學術研究探索更多相關知識；也有許多組織都在評估、促進介入幫助。一九八九年，退伍軍人事務部（Department of Veterans Affairs）成立了國家創傷後壓力症候群研究中心，負責研究創傷，並為受到創傷的退伍軍人提供支援，他們大部分所受的創傷都與戰爭有關。二〇〇〇年，國家兒童創傷壓力研究中心成立；直到二〇一八年，疾管局與物質成癮和心理健康服務部這兩個政府部門中，負責研究創傷的單位才終於提出創傷知情照護的七大原則，我認為隨著這個領域成長，此原則也將持續演進。

我們很容易會忘記創傷學（Traumatology）——也就是創傷相關研究——是一門多新的科學。而作為分枝學科的「發展性創傷研究」時間更短。目前組織與體制才剛開始掌握我們在本書中討論的問題。他們必須要掌握，因為創傷會滲透生活的所有面向；影響會跨越世代、家庭、社群、制度、文化、社會，而且方式非常複雜。創傷會影響我們的基因、白血球、心臟、腸胃、肺、大腦，及我們的思考、感受、行為、親職、教育、訓練、消費、創造、處方、逮捕、判刑。我還可以舉出更多例子。

因此，根據每個人的觀點——世界觀——以及自己在創傷與失落方面的歷史，也就會有獨特版本的「創傷知情」。

歐普拉：不過，在本質上，創傷知情其實就是當接近一個人的時候，心中體認到「你發生過什麼事」很重要。知道人的行為與健康都會受到影響，然後根據這樣的覺察做出行為，並且給予恰當的回應——無論是老師、朋友、心理醫生、醫生、警察、法官。

培理醫生：是，絕對是。雖然只是短短一句話，但說出了「創傷知情」的本質。「根據這樣的覺察做出行為」這部分最重要。知道創傷可能導致特定的行為與問題，這是一回事；知道要問「我們現在該怎麼做？」又是另一回事。

我們要如何在體制中創造療癒的機會？我們如何避免重複無法預期、無法控制的壓力源，以防創傷影響惡化？我們該如何做到不讓我們應該幫助的人受到再次傷害，避免無意中延續了造成問題的邊緣化與去人性化經驗？

我相信，如果無法體認自己內在的偏見以及所屬體制的結構性偏見——因為種族、性別、性取向而產生的偏見——就無法真正成為創傷知情的專業人員。遭受邊緣化待遇的人——排擠、輕視、羞辱——會受到創傷，因為正如我們之前所說的，人基本上是一種關係的動物。在自己所屬的組織、社群、社會中遭到排擠或不被當人看待，這是一種長期而無法控制的壓力，會造成過度敏感（見圖3）。邊緣化是一種根本的創傷。

正是因為如此，所以我相信真正創傷知情的體制，應該要反對種族歧視。種族邊緣化造成的破壞性影響廣泛而嚴重。例如，在北美、澳洲、紐西蘭這些地方的黑色皮膚、棕色皮膚與原住民的兒童，他們在精神醫療體制裡比較容易發生過度診斷、過度用藥；被迫接受家外安置並進入兒福體制；停學或退學；在學校被冠上「曠課」或「施暴」的罪名，以致這類兒童進入少年司法體制的比例過高。

我們之前談到，有過創傷經驗的兒童比較常出現學習障礙——而因為學業表現不佳而產生的評論與指責，也會引起他們太過激烈的反應。如此一來，便可能導致行為問題。這樣的行為經常遭到誤解。因此，這些人與機構雖然立意良好，但反而會對他們理應要幫助的家庭與兒童，帶來更多痛苦。

歐普拉：我想以更深入的方式討論這個問題。我們上「六十分鐘」節目那次，我意識到很多慈善團體與非營利組織雖然努力想解決問題，但其實只接觸到表面而已。我們都知道社群的支持非常重要，他們想要建立這樣的「支架」，但很多時候，卻看不清他們想解決的問題成因是什麼、建立在怎樣的基礎上。

如果課後輔導計畫不懂為什麼孩子有慢性健康問題，也不懂為什麼他們無法趕上課業；如果就業計畫不明白為什麼有人總是和上司起衝突、對人亂發脾氣——那麼，這些計畫恐怕無法造成長期改變。幫我們解說一下，這些問題如何發生、如何出現。

培理醫生：先從幼童說起吧。我們談過很多次，人生早期的人際關係很重要，會影響壓力反應系統，以及未來建立健康關係的能力。我們知道經歷過壓力與創傷的孩子，無論是貧窮、無家可歸、家庭暴力、不當對待，他們一定會有一些發展上的障礙。最常見的問題，是一些特定技巧的成熟度不足，我們在第六章討論忽視相關問題時提到過。五歲的孩子可能只有一般兩歲孩子的語言能力，與一般四歲孩子的調節能力。除了這種發展破碎的問題之外，孩子的壓力反應系統也可能太過活躍、太過強烈（見圖3、5）。

現在，想像一下這個孩子進入幼兒園，面對各種期待、轉變、規範，以及為一般五歲兒童設計的課程。在非發展導向、創傷知情的環境中，大人會期望孩子有一般的「表現」。但這個孩子不可能做到。他在學校的一天會充滿溝通困難（因為他的語言能力不足），及強烈挫敗（因為他的自我調節能力不足）。在這個壓力大到難以承受的環境中，他們會封閉或爆發。無論哪種狀況，他們都沒有得到社交、情緒、學業上的完整好處。他們會更加落後，他們可能會被退學。幼兒園退學的人數比中小學更多；相較於白人兒童，有色人種兒童遭到退學的比例高達三倍，尤其是男孩。

從此展開一連串糟糕的不對等問題，孩子的能力無法達成教育體系的期望，而體系往往資源不足，也不具備發展導向、創傷知情的概念。即使那個孩子「前進」到下一個年級，他們依然會落後，如此一來他們注定會失敗。一年又一年，他們落後越來越多。發展性技巧落後，加上創傷相關的症狀，他們很容易被貼上精神疾病的標籤（見圖6）。壓力反應過度敏感造成的極度警戒被當成過動症；他們努力尋求調節——搖晃、嚼口香糖、塗鴉、做白日夢、聽音樂、用筆敲桌子——但這些動作遭到禁止。他們會被貼上標籤、被迫服藥、遭到排擠、懲罰，甚至退學，最後往往會遭到逮捕。當他們試圖逃避學校帶來的經常性羞辱，就會被冠上曠課的罪名；當他們試圖逃跑，但學校員工想要阻攔，壓制行為導致暴力攻擊的罪名——是孩子被冠上這種罪名。這是一條從學校直通監獄的道路。

歐普拉：除此之外，學生很可能根本不知道自己之所以會這麼辛苦，其實有暗藏的原因。最後，他們會接受外界對他們的看法：愚蠢、遲緩、懶惰。這樣的失敗循環逐漸削弱他們的自我價值，最後學生感到太挫折或太丟臉，乾脆選擇放棄。

培理醫生：這一點真的很重要。這些有困難的孩子不會說：「老師真可憐，他不懂大腦功能會因為狀態而改變，也不知道創傷對我的學習能力造成什麼影響。他應該幫助我調節，而不是幫助我追上課業。」他們只會說：「我一定很笨。」

另一個真的很重要的問題在於，學校裡有多少兒童與青少年正在經歷創傷相關的學習和行為困難？絕對不是少數。研究顯示，公立學校中三成到五成的兒童，至少有三項童年負面經驗。而正如我們之前討論過的，這些負面經驗會造成很大的影響。

想像一下，有多少帶著創傷回憶的孩子坐在教室裡，課堂上其實沒什麼的事，都可能成為觸發信號。別忘記，我們當下經歷的時刻會先受到下層腦過濾，然後才傳到上層腦。當下接收到的所有感官輸入資料，都會先和舊經驗的「記憶」比對，也會受到影響，先由大腦較為下層、較為本能的區域處理之後，才送到理性的「思考」區域。

假設有個大孩子從小就不時目睹家暴；他比較小的時候常看到爸爸貶低、毆打媽媽。這種經驗發生在大腦發展的重要階段，他正在建立用來理解世界的主要「記憶」。他的大腦會將男人的特徵與威脅產生聯想；將男人宏亮、低沉的聲音與恐懼產生連結。

產生這樣的聯想與記憶之後，過了五年，這個年輕的學生班上有位英文老師，外型碰巧和他施虐的父親有些相似——身高、髮色相仿，聲音低沉。這個孩子無法有意識地判斷出其中的關連，但光是坐在教室裡就讓他覺得不舒服。這樣的感受源自於達到皮質之前的下層腦；是潛意識的反應。還記得山謬嗎？那個爸爸擦 Old Spice 古龍水的孩子？當一個人接收到刺激信號而啟動時，自己往往不會察覺。

歐普拉：因為他對這樣的聯想沒有覺察——不知道過去發生的事如何影響他的人際關係——生命中的男性角色可能會讓他覺得不舒服，他也可能會破壞和他們的關係。這些人可能是教練、老師，或其他可能成為正向榜樣的人，但他會無意識地躲避或排斥和他們相處的機會。

培理醫生：就好像妳不知道為什麼夜裡獨處會害怕。妳沒有覺察到生命早期所產生的聯想。我們塑造行為時，會避開舊創傷留下的情緒地雷。

不過，別忘記，大腦永遠在努力「理解世界」，因此，這個孩子會努力設法解釋。或許他會判定是因為他討厭英文；他也可能認為是老師不喜歡他，老師很可惡。老師完全不知道這些事。於是，假設當學生寫作文遇到不順的地方，老師過去想要幫忙，他認為自己伸出援手是一件正向的事。當他彎腰想看學生寫的東西，一手按著學生的肩膀時，學生不但沒有因此冷靜下來，反而縮起來，沒有經過思考就做出侵略性反應。下層腦立刻說**危險、危險！**然後啟動壓力反應系統，而壓力反應系統立刻關閉皮質。因此，沒有機會做出冷靜理性的回應。

如果事情過後再去找那個孩子談，對他說：「你不該對老師罵髒話。」他會說：「我知道，這樣做不對。」不過在那個當下，他真的無法取得保持理性的能力。越是瞭解創傷與壓力反應，越容易理解在工作場合、人際關係或學校遇到的特定行為。

歐普拉：過去與暴力產生的聯想觸動了他的大腦，傳送出威脅的信號，而他做出反擊或逃跑反應：「把你的手拿開！」

培理醫生：或許甚至會說：「媽的，把你的髒手拿開！」這樣侵略性的衝動爆發，會讓老師感到一頭霧水。他不明白真正發生的事。當他向別人描述經過，他會說類似「**完全毫無理由，他突然對我大發脾氣**」之類的話。當刺激信號引發暴怒行為時，這是最常聽到的描述：**毫無理由。莫名其妙**。看似沒有任何引起這種行為的理由。

歐普拉：我又有「**啊哈！**」的感覺了。當我們不知道對方為什麼突然生氣，或為什麼做出暴力反應，通常會用理智斷線來形容。現在我們知道了：當下發生的事觸發了大腦的創傷記憶。因為大腦下層沒有理性的部位最先做出回應，於是立刻引發壓力反應並且關閉腦中理性的部位。因此，那樣的暴力「突發」其實是腦中高度組織的過程所引發的結果。在這個案例中，學校的第一個問題絕對是：**這個學生有什麼毛病？**

現在，老師也相信那個學生一定有毛病，於是向校長室通報。其實他應該要問：「這個孩子發生過什麼事？」

培理醫生：沒錯。這個學生會被貼上問題兒童的標籤。如果狀況持續下去，他會被送去見輔導老師，然後是停學，接著轉介給精神醫療單位。倘若精神醫療體制中，沒有人理解他的行為與過去的遭遇有關——與他的創傷有關——那麼，他們也會做出善意但無用的治療。

假使這間學校有資源與工具，能夠幫助教師理解童年負面經驗影響的程度有多廣，以及創傷對學習的影響——加上如何創造調節良好、安全、安心的課堂——那麼，他們可能會以截然不同的方式看待這件事。他們不會讓他停學、給他貼標籤，而是會試著建立一套程序，和他產生情感連結，並且理解他。

歐普拉：不過，必須先問「我很好奇，這個孩子發生過什麼事？」然後才會發生。

培理醫生：沒錯——首先要改變試圖理解行為的方式。好消息是，當學校學習到創傷的影響，在評估、支持、教導上做出一些簡單的改變，他們就會看到這些孩子在課業上突飛猛進，挑釁破壞的行為也會減少。如果課堂上使用調節策略，教師得到支持與尊重，學生的需求得到辨識與處理，結果將會改善許多。

我們與世界各地的學校配合，使用我們的「教育神經序列模式」（Neurosequential Model in Education，NME），這套方法教導了許多我們討論過的事。教育神經序列模式提供課堂策略範例，解說如何實行這些原則與概念。成效十分出色。教師、行政人員、家長、兒童全都回報正向效果，實施結果也支持他們的觀點。

許多其他團體也在向學校介紹「創傷知情」計畫。正如同創傷知情照護的狀況，這些模式與計畫的元素差異極大。但所有成功的模式都有一個共通之處：強調調節與連結。

歐普拉：也就是說，幫助兒童調節，是創傷知情學校的關鍵方法。調節、連結，然後訴諸理性，對嗎？瞭解大腦處理的順序是關鍵。

培理醫生：是的。很可惜，一般的學校並不具備創傷知識，並且傾向於禁止許多我們提到過的調節活動：走路、搖晃、邊聽課邊把玩東西、寫作業時戴耳機聽音樂。「體感調節」，例如我們之前討論過的節奏活動，其實能夠打開皮質，啟動大腦理性的部分，幫助學習。

學校往往也會縮減具有強大療癒效果、並且有助於培養復原力的活動，例如體育、音樂、藝術。這些往往被當作選修課或增益活動。事實上，這些課程可以作為學業的基石，因為可以提供良好調節與人際關係因素。固定模式、重複、有節奏的活動，讓太過活躍、太過強烈的核心調節網路（見圖2）回歸「平衡」。音樂也屬於這個範疇——無論是演奏或欣賞；所有運動也都包含一部分；舞蹈也是。當然，這些活動也都有很重要的人際關係因素。學習何時將球傳給隊友；學習如何與舞伴配合；學習讓自己的小提琴融合樂團其他成員的演奏。最後，體育、音樂與其他藝術形式都有認知元素，這些課程可以讓整個大腦的活動投入、活化、協調，從下層到上層、從上層到下層。這些都是運用整個腦部的健康活動。

現在想像一下，三十個孩子排排坐在教室裡，被動聽老師講課。這種作法無法有效讓上層腦投入。當我們移動、與別人交流時，學習會更快。當學習時投入某種體感活動，我們就能更有效地儲存新資訊，並叫出先前儲存的資訊。

歐普拉：學生爆發之後，學校將他們送往精神健康服務單位，倘若那個單位沒有接受過創傷相關訓練，也沒有處理創傷的經驗，那會發生什麼事？

培理醫生：絕對不是好事。這樣通常會使孩子的狀況惡化，他們被貼上錯誤的標籤，而且往往會過度用藥。我們目前的兒童精神健康體系資源不足、負擔過重，公立精神健康診所往往排隊名單很長。有時候，病患只能一個月看診一次；有時候，見到精神科醫生的時間只有十五分鐘。平均看診三次之後，家人就不再出現。我們的精神健康體系傾向於危機處理。

儘管如此，許多地方的臨床團隊學習過創傷相關知識，而且表現非常優秀。在理想狀態下，孩子會得到評估，檢視他們的發展性歷史——基本上就是精細地評估「你發生過什麼事？」，優良的評估也會判斷出孩子的需求與優勢。根據評估結果，團隊可以創造出個人治療方案，利用孩子的優勢並鎖定需求的領域，給予適當的增益、教育或治療活動。

這樣的團隊知道，所有人都用同一套方式是行不通的。想一想，如果所有胸痛、咳嗽的人都以同樣的抗生素治療，那樣不是很荒謬嗎？許多專精一門獨特「技術」的診所就是這樣。如果一間診所學到，創傷聚焦認知行為治療法（Trauma-Focused Cognitive-Behavioral Therapy，TF-CBT）是一種以證據為基礎的創傷治療法，那麼，每個有創傷的人都會得到這種治療。不過，這種治療雖然對一些人有用，但並非對每個人都有用。

真正創傷知情的診療團隊會使用許多「工具」，像是職能治療、物理治療、語言治療、與學校合作、給予家庭與孩子良好的心理教育，以及能夠利用一些治療技術，例如創傷聚焦認知行為療法、動眼減敏與歷程更新（Eye Movement Desensitization and Reprocessing，EMDR）、體感介入治療、動物輔助治療，以及其他很多工具。儘管創傷學是一個很新的領域，但先前的證據證實了，當在治療過程中正確的時機使用這些技術確實有效。

意思也就是，有效的治療手法必須遵從投入的順序；必須先處理調節的問題，然後人際關係與認知治療才會有效。所以我開發出「治療神經序列模式」（Neurosequential Model of Therapeutics，NMT），在我與瑪亞．薩拉維茲（Maia Szalavitz）合著的第一本書《遍體鱗傷長大的孩子，會自己恢復正常嗎？》（*The Boy Who Was Raised as a Dog*）當中提到過。

對我而言，治療最重要的觀念，就是體認到可能會需要用上多種不同的治療技術與方法。我們知道，有效治療的關鍵元素，包括以健康的人際關係回顧並重新整理創傷經驗。如果你和心理醫生建立穩定的連結，那麼，心理醫生就會成為「治療網」關鍵的部分。不過別忘記，治療時刻可以很短，而且最好分布在一整個星期當中——不只是一個星期和心理醫生諮商一個小時。這個過程製造出啟動創傷記憶的機會，包括壓力反應系統，而且是以程度適中、可以預期、可以控制的方式。久而久之，過度敏感的系統將會變得比較「神經典型」（見圖3、5）。

歐普拉：假使沒有資源進行心理治療呢？

培理醫生：非常好的問題。經歷過負面經驗與創傷的人很多都無法接受治療，更別說是我剛才描述的那種治療團隊。不過，我們發現，如果身邊有許多投入、關心的人，事實上，在創傷之後得到好結果的機率，比接受心理治療更高。治療網是在一整天當中得到的許多以正向關係為基礎的機會。心理醫生對療癒很有幫助，但並非不可或缺。我的意思不是心理治療沒有用，但欠缺「情感連結」的心理治療效果有限。在理想的狀況下，孩子要有連結深厚的家人、社群、文化，加上創傷知情的治療團隊，以及各種工具。

再回頭來看一下原住民與傳統治療方法，他們常常善於創造全身心經驗，這可以影響數個大腦系統。別忘記，創傷「記憶」橫跨好幾個大腦區域。這些傳統療法具有認知、人際關係與感官元素。你重新說出故事；創造出戰鬥、狩獵、死亡的畫面；彼此擁抱；按摩、舞蹈、歌唱。與所愛的人和社群重新產生連結。慶祝、吃喝、分享。原住民療癒儀式充滿重複、節奏、對應、關係、尊重、獎賞——我們知道，這些經驗能夠有效改變壓力反應相關的神經系統。之所以會使用這套療法，就是因為有效。人們的感受與功能都有所改善，於是這種療法的核心元素在經過加強之後流傳下來。不分時空，各種文化都趨向於使用同樣的療癒原則。

歐普拉：仔細想想，真的很神奇。

培理醫生：確實。我們祖先認知到情感連結的重要，也知道排擠的毒害。然而，所謂「文明」世界的歷史，卻充滿各種偏愛斬斷連結、製造邊緣化的政策與作為——毀壞家庭、社群、文化。殖民、奴隸制度、美國的原住民保留區制度、加拿大的原住民寄宿學校、澳洲原住民「被偷走的一代」[9]（Stolen Generation）——這些政策的破壞力危害許多世代，因為刻意破壞了維繫民族團結的家族與文化紐帶。這種政策製造出失去連結、受到創傷的個體，他們陷入無法脫逃的痛苦處境——我們之前討論過，這種狀況會使人為了適應與生存而解離。即使解離是一種適應的方法，但結果卻是讓人變得被動、順從，使得受創傷的人更容易去人性化並遭到剝削。

雖然比較難以察覺，但我認為現在的兒童福利教育、精神健康、少年司法體系往往也做出同樣的事。他們拆散家庭、損害社群，實行各種邊緣化、羞辱、懲罰的行為。

歐普拉：有一次，你來南非參觀我的學校，發表了一篇感人的演說，談到系統性種族歧視、剝奪權力以及創傷。我們在二〇〇七年建立歐普拉女子領袖學院，那時距離正式結束種族隔離、並建立南非民主政府已經過了十三年。你來訪的時候，我們正經歷一段很辛苦的磨合期，努力想製造出校內的健康團結感。

9 被偷走的一代，發生在一九〇五至一九六七年，政府認為澳洲原住民和托列斯海峽島民「低賤無知」及「將會消失」，因此強行將十萬名澳洲原住民兒童永久性地帶往白人家庭、或者政府機構照顧，以「白化」原住民，令澳洲原住民兒童與父母長期分離。

黑人教師雖然接納白人教師，卻認為他們的表現有些優越感。當時你用大腦發展與連結的角度，說明隱性偏見與種族歧視，解釋黑人與白人教師之間可能存在的問題，真的讓我們茅塞頓開。你可以在這裡再說明一次嗎？

培理醫生：沒問題。我們談到過嬰兒的大腦如何接收感官資訊以理解世界，並建立聯想。我們也談到過，人類是深深依賴關係的生物，因此，發展中的大腦會從下層開始建立「記憶」，以氣味、聲音、影像來記住「我們的人」。這些記憶儲存在非常深層、皮質還沒發展、潛意識的地方：你的人如何說話、如何打扮，及皮膚的顏色。

要記住，大腦永遠在監控你的世界，無論內在還是外在——為了確保你存活。當大腦遇上不熟悉的經驗，預設動作就是啟動壓力反應。安全至上——最好先把新事物全部視作潛在威脅。

除此之外，人類最大的天敵就是其他人類。我們的壓力反應進化成相當敏感，以致於當我們和童年「部落」類似的人相處時，會感到安心；但是當遇到和「我們的人」特徵不同的人，大腦的預設動作就是啟動壓力反應。一旦啟動，我們會感到調節不良，甚至覺得面臨威脅。

歐普拉：就是因為這樣，當家裡有新生兒時，大家都想看寶寶，把孩子傳來傳去，最後寶寶一定會開始哭。因為他們的大腦對不熟悉的人做出反應。

培理醫生：沒錯。對寶寶而言，這些人不一樣、沒見過，他受不了。於是啟動了壓力反應。

不過，就算是成人，看到與他們出身的「部落」人們長相不同的人，大腦同樣會啟動壓力反應。大部分的時候，這種啟動相當溫和，製造出當心、謹慎。但倘若有人的壓力反應過度敏感，或是陌生人的特徵與自己部落的人相差太大，就會出現比較誇張的壓力啟動。在這種狀況下，我們會退化。我們會無法使用上層腦，也就是儲存價值觀與信念的部分。腦中比較原始、反射性的部位接管我們的思想與行為。

我來舉個例子。我認識一個媽媽，她的女兒加入和平工作團，在非洲極為農業的地帶走訪每個村落，幫兒童接種疫苗。她來自明尼蘇達州，非常典型的斯堪地那維亞外型：高大、金髮，膚色白皙。

歐普拉：她要去的地方，村民一輩子沒見過白人。

培理醫生：是的。這位年輕人，非常陽光、非常有愛心，喜歡小孩，認為自己在幫助世界變得更好，她滿腔熱血地走進農村對抗疾病。然而，她一走進村落，小朋友看到她就開始尖叫。他們以為她是鬼。有些小孩哭起來，有些立刻逃跑。這位年輕人很難過。後來她媽媽告訴她一些我們正在進行的研究，她終於明白，這些孩子的反應是因為「陌生」，而不是針對她個人。他們的大腦沒有對「白人」建立正向聯想，遇見她非常出乎預期，因此啟動了壓力反應。

不過，這只是他們一開始的反應而已。時間久了，這位年輕人對他們很慈愛，給他們滋養、照顧。她幫忙餵他們，當他們害怕的時候也會給予調節。這個白人給孩子關愛、滋養、支持，因此，他們學習到她是安全的好人。這樣的學習會深深「鎖進」他們的腦子裡，如果以後再遇到白人，他們預設的反應會是將新的白人也放進正向的類別。

歐普拉：即使新出現的白人不是那麼好，也不一定會破壞那位來自明尼蘇達州的善良白人小姐所留下的最初樣板，因為那在他們小時候就建立在大腦比較深層的地方。

培理醫生：沒錯。第一次遇到與「你的人」外型特徵——例如膚色——不一樣的人，你的大腦會開始建立新聯想，幫助你理解世界，因為你的世界現在多了一個新的人。你的大腦會對這個人進行整理、比較、歸類。一開始，大腦會利用既存的預設——這個人有男性特徵，這個人年紀比我大，這個人是老師。但你和這個人相處的時間越長，越有機會建立有更多細節的新聯想。你會知道這個人的各種面貌與複雜性，而不只是他們的「類別」。

不過，雖然這麼說，但大腦很愛用「捷徑」。這些捷徑不見得每次都正確；有時會導致我們容易受刻板印象與各種主義的影響——根據粗分類而將相同特徵的人視為一樣。我們腦中最強的分類來自於最初的經驗，通常發生在人生早期，因此導致我們容易有偏見。

不久前，我曾經治療一位黑人兒童，我問他有沒有見過白人。

「只有一個。」他說。

原來，這個孩子第一次真正見到的白人——不是在電視上——是一個警察，那個警察命令他爸爸把車停在路邊，用槍指著他爸爸，強迫他爸爸下車，對他爸爸大吼大叫、上手銬，然後粗暴地押上警車。孩子獨自留在車上，非常驚恐，直到一位社工來帶他離開。他們甚至不讓他媽媽見他，要求她要先「證明」自己的身分。可以想像，這個孩子內心對白人的印象，與那些受到和平工作團白人義工照顧的村落孩子非常不一樣。

後來這個孩子——目睹爸爸遭到暴力逮捕的那個——來找我，一個想要幫助他的白人醫生。我們的關係一開始就不中立。他感覺害怕，不信任我——一部分是因為陌生，一部分是因為我是白人。我花了好幾個星期的時間，以溫和、耐心、正向的方式努力，他才終於將我視為中立。雖然後來我們的關係不錯，但他認為我是特例。他對白人最初的負面經驗會一直跟著他，未來會因為在學校與社會上遇到的許多顯性或隱性的種族歧視行為，而不斷增強。最初的人際關係經驗最強烈，也最持久。

因為腦部處理經驗的順序，這個孩子遇到「白人」時，將永遠先用下層腦處理。當他見到新的白人，他最初——因此也是預設的——將白人與威脅產生的聯想，會導致壓力反應啟動，影響他的感受、思想、行為。這就像是觸發信號。當新白人的資訊進入他的皮質時，他的大腦已經啟動了恐懼反應。在他的皮質中，確實有因為和我見面而建立的自傳式記憶，儲存著「培理醫生是白人，不過他是好人」這樣的資訊。不過在當下，當恐懼反應啟動時，他無法有效取得那個資訊。他會看著新的白人，心中感覺：「**可是這個人不是培理醫生。**」我們最初的經驗形成濾網，所有新經驗都會經過篩選。

以南非的狀況，同一個國家有許多、許多不同的文化。幾個世代以來，白人社群殘酷壓迫有色人種。歐普拉學院的黑人教師在那樣的世界成長，倘若企圖反抗白人勢力與國家的種族政策、實務與法律，很可能會招致死亡。與白人相關的聯想通常會引發恐懼。許多黑人發展出的適應策略與風格，往往在基本上屬於解離反應。避免衝突；遇到白人時要展現順從。這一類的適應能力根植極深。

歐普拉：學院裡的許多教師，無意識地抱持這些舊有的思想與行為方式。

培理醫生：沒錯。一九九四年，種族隔離政策的壓迫終於結束，但人的大腦不會立刻改變。白人依然會讓他們聯想到專制與邊緣化。即使理論上狀況已經改變了，但當在隔離政策下成長的人彼此互動時，潛意識會喚醒權力差異，啟動舊有的適應模式。白人教師無論發言或「領導」都不會覺得不自在；黑人教師則是退讓，避免衝突，順從他們不見得支持的建議。這樣的狀況導致學院出現嚴重問題。然而，當我和白人教師談話時，他們真心認為學校的問題與種族主義無關。

隱性偏見與種族主義最難掌握的問題就是，你的行為不一定是受到信念與價值觀所驅使。信念與價值觀儲存在腦中最上層、最複雜的部位——皮質。但大腦的其他部位可以製造聯想——扭曲、錯誤、種族偏見的聯想。一個人可以真心反對種族主義，但依然有隱性偏見，以致於做出種族歧視的言論或行為。瞭解大腦處理資訊的順序，是掌握這個問題的關鍵，同時也要理解成長期經驗的力量，讓我們的下層腦充滿各種聯想，創造出我們的世界觀。

歐普拉：我們聽過很多白人說：「在我家裡絕對不准說『黑鬼』這個詞。」不過，這不只是語言的問題，而是你看到父母如何對待外型不一樣的人。是他們談論時使用的說法，是家中對「非我族類」的情緒基調。這些都是從出生就接收到的，因此會塑造你如何看待和自己不同的人。用不用「黑鬼」這個詞並非重點，有更多影響因素在作用。

培理醫生：很多其他因素。小時候，當你正在形成原始的聯想、理解世界如何運作時，最大的影響來自於父母；不見得是他們說的話，而是他們做的事。你也會被身邊的其他大人和小朋友影響。如果你是個白人兒童，從來沒有和有色人種兒童相處過，那麼，就不會有建立這些重要關係聯想所需要的個人經驗。

我們受媒體影響也很深。從嬰兒時期，我們看到的媒體影像就會影響我們對世界的理解。對許多白人而言，他們對有色人種的經驗與認識都來自於媒體。我小的時候，媒體上隨處可見對黑人的負面刻板印象。

歐普拉：我認識的很多白人，他們在遇到我之前，從來不認識黑人。曾經有段時間，白人會刻意雇用黑人，這樣他們才能說自己認識黑人。不過正如你所說，對許多白人而言，他們對黑人僅有的聯想都來自於新聞或電影。

培理醫生：我年輕的時候，電影與電視上的黑人，無論是成人或青少年，都以負面手法描繪——例如罪犯。他們不是警探、超級英雄、科學家。這種扭曲的形象會對大腦組織造成不可思議的強大影響。導致白人製造出更多關於有色人種的負面聯想，也是隱性偏見很大的來源。

我們全都會創造我們自己的世界觀，也全都有扭曲的部分。我說過，大腦處理訊息時愛用捷徑，導致我們容易產生偏見。每個人受到成長的過程與地點影響，多少都有某種偏見——對於世界的扭曲看法——試想一下，讓每種文化、每種宗教、每種人種都歸類為「安全熟悉」，這樣的可能性有多高？更別說還要在人生最初那幾年全部接觸過。因此我們必須承認，我們全都帶有一些偏見。

歐普拉：在伊莎貝爾・威爾克森（Isabel Wilkerson）的著作《種姓》（*Caste*）中，她引用了司法改革組織 Sentencing Project 所做的研究。他們發現，嫌犯是黑人、受害者是白人的案件，只占全部犯罪的一成——但是在電視報導中的比例卻高達四成二。當你在新聞上看到的罪行，將近一半都是黑人對白人所犯下時，絕對會影響你看到黑人時心中產生的想法。

培理醫生：我們花一點時間想一下，當一名白人菜鳥警察在深夜遇上一個黑人青少年，這樣的隱性偏見會在他們的互動中扮演什麼角色。這也是狀態影響功能的一種表現。當遭受威脅時，大腦理性的部位關閉，由比較反射性、情緒性的部位接管。假設你是白人警察，當你感受到威脅，而且身上有槍。倘若在那樣的情況下，比較反射性的下層腦開始掌管你的認知與行為，而你腦中有一整個分類，將黑人男性視為具有威脅的罪犯；比起遇到白人青少年，遇到黑人青少年時，你比較可能會採取基於恐懼的行為——吼叫、衝突升高、開槍。而你的腦中沒有白人青少年具有威脅性的分類。

談到需要創傷訓練的體制，執法單位絕對是第一個。最先趕赴犯罪現場的人員絕對必須學習創傷、大腦、痛苦、壓力——尤其是警察。任何在服務社會時可以佩槍的人，都應該接受長時間的訓練，學習這些知識。

歐普拉：隱性偏見與種族歧視之間還是有差異。你認為界線在哪裡？

培理醫生：隱性偏見暗示偏見存在，但沒有「公然表達」——有時甚至沒有在無意中表達。種族歧視，則是一套明目張膽的信念，認定一個種族比其他都優越。在美國，種族歧視是由白人創造出一套賦予白人特權的體制，壓迫有色人種並加以邊緣化。可以說，種族歧視根植於「理性」的上層腦，而隱性偏見則涉及下層腦扭曲的「濾網」。

當兒童或青少年接觸到明目張膽的種族歧視信念，可能是在家中，也可能是在同儕團體，這樣的信念便可能「根植」於濾網中。結果便是形成一套深深刻印的感受與信念，穿透大腦的許多區域。

歐普拉：不過，還是有可能改變。我認為有必要提一下我在二〇一八年進行的一次訪談。我一直相信透過憐憫，就連最深陷種族歧視的人都有希望改變，那次訪談肯定了我的想法。

我訪問一位名叫安東尼．雷．辛頓（Anthony Ray Hinton）的人，他在阿拉巴馬州的死囚牢關了三十年，但他是冤枉的。監獄的設計讓囚犯各自孤立——只有自己一個人在牢房裡，看不到其他死囚。從來沒有人真正彼此對話，但夜裡會聽見哭泣與哀號——痛苦的人。

一天夜裡，安東尼聽見有人在哭，他心中發生了變化。他大聲問：「你怎麼了？」那個人說他母親過世了。

安東尼和母親感情非常好，在那一刻，他感同身受。那個問題、那次憐憫，打開了所有死囚的心門。他們開始經常對話，述說自己的故事，彼此加油打氣。安東尼和一個名叫亨利的人特別投緣。後來他才知道，他的好友亨利其實是亨利・海司（Henry Hays），三K黨成員，因為吊死一個黑人男孩而入獄。但安東尼不但沒有和亨利絕交，反而在死囚牢和他建立深厚情感，他們一直都是最好的朋友。

培理醫生：我敢說，因為安東尼這麼做，亨利也改變了。

歐普拉：改變非常之大。在亨利上電椅的那一天，他的遺言是他這輩子都錯了。父母教他錯的想法，告訴他黑人是敵人。來到死囚牢，他才學會愛。

培理醫生：哇。真是不可思議的力量。這是完美的例子，充分展現就連最充滿仇恨的種族歧視思想系統，也可以改變。

別忘記，皮質是大腦中最富可塑性、最會改變的部分。信念與價值觀也可以改變。

歐普拉：隱性偏見比較難改變，是嗎？

培理醫生：要改變隱性偏見確實難很多。或許你真心相信種族歧視是壞事，人皆生而平等。但這些信念儲存在你腦中知性的部分，存在下層腦的隱性偏見依然會每天顯現——你和他人的互動、你覺得好笑的點、你所說的話。

觀察這些概念與「黑人的命也是命」運動之間的關係，真的很有意思。喬治・佛洛伊德（George Floyd）遭到謀殺後，引發了許多討論，包括結構性種族歧視、隱性偏見、白人特權。這突顯出有多少誤解，又造成了多大的痛苦。當然，還有很多辯解。**我從來不會種族歧視。我的骨頭裡沒有半點種族歧視**。唉，問題不在你的骨頭，而是大腦。我們全都有深植的偏見，而種族相關的聯想也潛伏其中。

要改變隱性偏見的第一個挑戰，就是承認自己有偏見。思考一下，你的偏見何時會展現出來。預想一下在怎樣的時機、怎樣的地方，你的偏見會展現出來。鼓起勇氣和那些與你不同的人相處，那些會挑戰你的偏見的人。過程可能會很不舒服。不過，別忘記：程度適中、可以預期、可以控制的壓力能夠培養復原力，創造新的聯想、擁有新的體驗。在理想的狀況下，你要走進人群，和那些與你不同的人相處。你必須創造真實、有意義的人際關係，這樣你才能根據每個人獨一無二的特質去瞭解他，而不是粗略的分類。

歐普拉：這樣才能真正改變隱性偏見與種族歧視。

培理醫生：沒錯。也正是因為如此，就算公司強迫所有員工去上反種族歧視的課程，或接受文化敏感度訓練，也不可能解決問題。文化敏感度是訓練不來的——而是必須花時間浸淫在文化中，和其他人相處。名廚安東尼・波登（Anthony Bourdain）就是很好的例子。他鼓勵大家體驗文化，花時間和廚師相處、準備餐點、享用食物，和當地人一起慶祝文化節慶。不可能只參加一次三小時的研討會，就得到文化敏感度。

歐普拉：難道不該舉辦文化敏感度訓練課程？

培理醫生：當然不是。我的意思是，文化敏感訓練雖然有助於得到知性上的學習元素，不過還是需要配合真正的體驗與真正的人際關係。這樣才能真正改變一個人。很多人很難做到，也絕不可能讓整個系統變完美，但至少是個開始。

長期的解決方法，是盡可能減少隱性偏見產生。我們必須思考如何讓兒童在人生早期有更多機會接觸到人類偉大的多樣性；我們也必須改變許多體制中流傳的偏見元素。

歐普拉：你認為創傷會導致人性退步嗎？

培理醫生：我們之前討論過，從古至今，人類的生活充滿各種創傷。因此，儘管我們談過那麼多艱困挑戰，但我依然樂觀。我認為我們這個物種的「人性」會起起落落；有些時候會看到人性的偉大，但也會看到沒有人性的恐怖。不過，如果仔細觀察人類歷史，所有重要指標現在都呈現上升趨勢，無論是健康福祉、社會正義、創造力與生產力。

這並不表示美國當前的處境很好，其實依然無比艱辛。有太多兩極化的對立；有太多人利用恐懼操弄公眾意見。憤怒、極端的人群不善於聆聽，但他們會傳達出恐懼、痛苦，以及對改變的渴望。

我真心希望，能夠藉由教導創傷與情感連結的重要性，而帶來改善。我們可以投資建立社區，建立創傷知情服務，支持藝術家，改造基本設施，建設人們能夠組織社群的空間。我們可以讓人性來個量子跳躍。有可能。也一定能。但首先，我們必須理解創傷廣泛而複雜的影響。我們有太多還沒有展現的潛能。

Chapter 9

現代世界的人際關係貧乏

要是家人不相聚吃飯，朋友不出去見面，

而只是透過簡訊或推特溝通，

那麼，我們便無法創造出

那種正向、健康、有來有往的人際連結模式。

毛利族長老帶我們穿過緩坡底的一道閘門。山丘頂端佇立著一棟優美的四方形建築，梁柱上的雕刻十分精妙。進入閘門就是聚會地（Marae），裡面封閉式的區域是毛利部落生活的中心。四方形建築則是部落議事堂（Wharenui）。數十位毛利部落的成員列隊站在通往議事堂的小徑邊。一位拿著權杖的長老走向我們，高聲說了幾句毛利語，然後將一片蕨類的葉子放在我面前。一位女長老開始歌唱，其他人紛紛加入。我們的歡迎儀式（pōwhiri）正式開始。

二十五年前，紐西蘭的小兒科先鋒蘿賓．范寇特醫生（Dr. Robin Fancourt）邀請我來訪問並教課，介紹關於發展性創傷與大腦的研究。我請她幫忙安排會見毛利族巫醫，我一直想多瞭解原住民的療癒方法。創傷一直是人類旅程中的一部分，我們的祖先十分瞭解創傷。那時，我已經花了很多時間向巫醫請教，包括加拿大原住民、梅蒂人（Métis）[10]以及美國原住民。我看出他們的療癒方法有許多共通之處——最顯著的，便是使用節奏以及強調與自然達成和諧。但我知道，還有許多需要學習的東西。

接下來兩天，我即將以毛利部落的角度學習創傷與療癒。而我學到的第一課就是教育方式。長老沒有要我坐下讀書，也沒有製作介紹傳統醫療的「簡報」。整整兩天，他們讓我浸淫在部落中。他們非常有智慧，慷慨給予我一次學習機會，一次體驗。他們有淵博的知識可以發掘，但我能發掘多少，就要看我自己。我是否願意敞開心胸真心學習——還是我會透過西方醫學的眼光批判這次經驗，只當成一次有趣的人類學體驗。

第一天，整個白天到夜晚，部落的人全部來到聚會地。我們聚集在議事堂裡，坐在地上。許多人來向我說明傳統生活方式。很快地我就看出，他們不會將問題或解決方法以概念區分成教育、精神健康、少年司法、兒童福利之類。在他們的思想與生活中，這些全都是一體，非常類似克里族（Cree）[11]與梅蒂人和我分享的「世界觀」。他們也真心感謝從古至今的這段旅程；他們明白，如果要充分理解此時此地，就需要知道自己從何而來——我們以及祖先「發生過什麼事」。

當有人對團體發言時，他們會去到一個角落，在那裡，所有人都能看見他們、他們也能看見所有人。講者自我介紹時會說出家族世系，而且常常會介紹一位祖先的特色；

---

10 梅蒂人，加拿大原住民的一個族群，是原住民與早期法裔加拿大人的混血兒。

11 克里族，北美原住民族之一，總人口約二十萬。

詳細追溯祖先傳承，製造出一種連綿不斷的跨世代連結。然後，他們開始講話，通常會以故事強調重點。

這兩天都舉行了部落宴會，結合儀式、談話、遊戲、說故事——過程中歡笑不斷，人們互相擁抱。有種家庭聚會的感覺，能夠清楚感受到部落的溫暖與力量。夜裡，我們全部睡在議事堂，部落全體，都在一起。

那兩天，我有幸被帶往聖地，在兩位長老的引領下走在森林中、沙灘上。有時他們會停下腳步，離開小徑走向一株植物，摘下一片葉子、剝下一點樹皮、挖出一段根。他們會要我聞聞看、嘗嘗看，告訴我可以用在什麼地方。「和海水一起磨成泥。」「可以止痛。」

長老耐心解答我的好奇提問，當我問起他們如何處理憂鬱、失眠、濫用藥物等等問題，他們莞爾一笑，覺得我對「疾病」的西醫模式刻板想法很有意思。他們努力讓我理解，這些問題基本上全都是「同一件事」。這些問題全部彼此相關。西方精神醫學會將這些問題分開，但這樣反而看不見問題的根本。我們只是在追逐症狀，而不是治療人。

在我的毛利東道主眼中，疼痛、疾病、功能失調都來自於某種型式的破碎、斷裂、不和諧。我們就這些方面進行了深度討論。像世界上所有遭到殖民的民族一樣，毛利人遭受了嚴重的歷史性創傷。殖民、文化屠殺、種族歧視的惡果波及數個世代，非常慘痛。在紐西蘭，相較於全體國民的比例（約八成五是白人），毛利人發生失業、貧困、酗酒、家暴、精神問題、生理健康問題的機率高出許多。在特教、精神健康、少年司法、犯罪司法體系中，原住民與有色人種比例過高，類似的問題也出現在其他地方；例如，澳洲原住民與托列斯海峽島民（Torres Strait Peoples）、加拿大的第一民族（First Nations），及美國的黑人、拉丁人與原住民。相較於我的醫學模型，毛利人對「疾病」的概念更能解釋這些差異；殖民者刻意破壞家族與部落的凝聚力和文化，而那樣的斷裂成為創傷的核心。

所有創傷傳統療法的核心元素，都有著同樣的東西，毛利人稱之為「**瓦濃卡單加**」（whanaungatanga）。這個詞的意思，是有來有往的人際關係、親屬關係、家庭連結的情感。藉由分享經驗、面對挑戰而產生的一種歸屬感。許多療癒的操作與儀式都牽涉到「恢復連結」——明確敘述連結的源頭。過程包括說出經驗，例如一次狩獵或突襲，然後以象徵與實質的方式與家族、部落、自然世界重新連結。

長老一直很清楚，他們並非排斥基因、免疫或生理上的進步，部落裡也有受過西醫訓練的醫生，他們也密切合作。但他們認為將一個身為複合體的人拆成各個部位，由不同的醫生治療：眼科、腦科，諸如此類，這樣完全遺漏了健康的核心元素。倘若情感連結的問題——**瓦濃卡單加**——沒有得到解決，西醫的治療效果會大打折扣。

當我的造訪結束，我和長老一起站在峭壁上眺望大海。風從海上吹來；波浪拍打岩石，發出響亮、強大的節奏。我感謝長老花這麼多時間陪我，她轉身看著我笑。她伸手按住我的心臟說：「我們都是療癒師。」那時候，因為西醫的自大作祟，我以為她的意思是我和她都是療癒師，但現在我明白了，她想再一次告訴我：「我們」這個集合體才是療癒的關鍵。我們全都是療癒師。

從紐西蘭回國之後，我下定決心，以後治療兒童時要更深入瞭解他們的「人際關係健康」。我很好奇，想知道是否能證明健康與情感連結之間的關係。第一步就是要先認清，一直以來，我都沒有詢問兒童人生中最重要的部分。他們一整天的時間都在做什麼？他們的朋友，他們的「人」是誰？在哪裡他們覺得最安全？他們的人生中發生過什麼事，為什麼會被送來看精神科？我把注意力都放在他們的「毛病」上——我們必須處理哪些問題、症狀、學業困難。我們的標準評估量表只在意他們有怎樣的症狀、有多嚴重。我們不會評估他們有怎樣的人際關係、品質是否優良。我們的治療手法無法觸及療癒的核心——**瓦濃卡單加**。

我從紐西蘭回國後第一批看診的病人當中，有一個名叫提摩西的十歲男孩。他來看診已經九個月了；他家附近的小兒科醫生轉介他過來，因為他在學校出現過幾次激烈的暴怒與侵略性行為。他被診斷出有過動症以及對立反抗症；為了「治療」他的「障礙」所開處方的藥物沒有改善症狀，因此，他被轉介來我們診所。

我回頭看他的病例，找到許多關於他目前這些問題的線索。從三歲開始，提摩西就遭到媽媽的同居伴侶肢體虐待。他們在暴力與虐待的環境下生活了大約三年，終於，他媽媽和那個人分手——但他們立刻陷入貧困。他的媽媽一直找不到像樣的工作。接下來三年，他們搬了三個城市——因此提摩西換了三次學校、社區、鄰居。最後，當他們搬到德州，他媽媽終於找到穩定工作。慢慢地，他們找回一些經濟與社會上的穩定。但之前那段經歷，對他們母子倆都造成很大的傷害。

他的媽媽疲憊不堪、消耗殆盡，有憂鬱症，雖然還能運作，但非常勉強。提摩西有典型的創傷相關症狀：過度防備被誤診為過動症、失眠問題、因為失眠而導致的疲憊，加上持續太過活躍的壓力反應，然後還有社交成熟度不足。儘管提摩西已經十歲了，但他成長的環境很少有機會讓他進行社交「練習」。因為他經常是學校的新面孔，加上創傷相關的學習障礙，導致他的社會情緒發展嚴重落後。他就像一個五歲的孩子處在十歲的社交世界。他遭到冷落、嘲弄、排擠。他自己獨處或是和媽媽在一起的時候，調節最良好。他想融入其他人，但他沒有技巧。他們剛搬來德州的時候，他和一個六歲的鄰居孩子交朋友，但這個孩子的父母認為他們年齡差距太大，因此感到不安。他們先是勸阻，後來乾脆禁止兩個孩子一起玩耍。

在診所裡，我和提摩西並肩坐在桌前畫圖、著色。

「你知道，我發現我從來沒有問過你交友的狀況。」我試探。

他繼續著色，一言不發。幾乎就像他沒有聽見我說話，但我知道這是逃避反應。

「你最要好的朋友是誰？」

他毫不遲疑地說：「我最好的朋友是雷蒙。」

「我不記得你講過雷蒙的事。」

「他人很好。我們一起去游泳。還一起抓青蛙。他像我一樣喜歡忍者龜。」雖然提摩西平常有些內向，總是滿臉悲傷，但現在他變得活潑、熱衷。

「你們同年嗎？」

他停下來，似乎在思考。「不知道耶。我沒問。」

我感到不解。「他也念你們學校嗎？」

「不是。他住在堪薩斯州。」

「啊，你們多久見一次面？」

「去年夏天見過。明年夏天如果再去露營，說不定能見到他。」他惆悵地說，又回到平常悲傷的模樣。

我也感到悲傷。這個孩子告訴我，他最要好的朋友只在露營區見過一次，一起玩了幾天而已。說真的，這個孩子根本沒有朋友。他的親戚都住在另一個城市，他沒有加入信仰社群，他是獨生子，而在學校又因為幼稚衝動的行為，而遭到邊緣化。他被視為「怪咖」。他媽媽工作非常辛苦，獨自努力設法照顧他。每次見到她，她自己也感覺很悲傷。

他們的世界與毛利人部落對照之下，差異非常驚人。毛利人有非常豐富的人際關係密度，有各種不同發展階段的人——嬰兒、兒童、少年、成人、長老，全部在同一個地方，移動、歌唱、交談、進食、歡笑。我想像提摩西在聚會地裡和其他孩子一起奔跑，偶爾和姑姑阿姨、叔伯舅舅、祖父祖母交流。或是再次去露營，和好友雷蒙一起抓青蛙。我笑了。然後，我換個比較實際的想像，他在學校餐廳尋找可以獨自安全吃飯的位子；放學後回到空無一人的公寓；等候愛他卻疲憊的媽媽回家；只能靠電玩和電視打發時間。

創傷不只影響了提摩西，也影響了他媽媽。他們兩個同樣經歷了人際關係貧乏。他們沒有正向關係組成的療癒網，沒有療癒所需的人際關係。提摩西和他媽媽需要情感連結——他們需要**瓦濃卡單加**。

接下來一個星期，我們見了提摩西母子好幾次，並改變我們的治療方式。首先，我們讓他母親也來治療。雖然聽起來很怪，但兒童診所很少為成人提供服務。考量到代際傳遞創傷與家族內創傷常見的程度，這個例子正好顯現出我們各自獨立的醫療體系，造成了有害的碎裂狀態。我們幫提摩西找到一個校內心靈導師，幫他報名社區的男孩與女孩俱樂部（Boys & Girls Club）課後計畫，停止他的所有藥物治療。我們鼓勵他媽媽接觸當地教會的單親團體；她從小信仰長老教會，但是在德州沒有找到真正的「教會家庭」。作為個別化教育計畫（Individual Educational Plan，IEP）的一環，我們和提摩西的幾位老師見面。理解他的行為暗藏的意義之後，老師比較願意諒解，有一個甚至特別照顧他。提摩西原本一直像個隱形人，而學校老師全都太過忙碌。但現在，學校裡有更多人「看見」他。

半年後，提摩西成長茁壯。在學校裡，他不再有行為問題，還趕上了一整學年的課業進度。他交了新的好朋友，每個星期都一起玩耍。他積極參與校內活動與課後計畫，以及新的信仰社群。他的媽媽狀況也改善許多。那個單親團體給她很多幫助，她也結交了新朋友。她曾經因為提摩西遭遇的困難而難過不已，因此，他的進步對她而言有如良藥。媽媽快樂的心情自然會感染提摩西，更有助於他的進步。有來有往的正向人際關係與歸屬感，幫助療癒了這個小家庭。而這只是我探索情感連結力量的第一步。

——**培理醫生**

歐普拉：你曾經說過，我們的世界人際關係貧乏。我們生活的環境裡見到的人越來越少，即使當我們真的見到人並且進行對話，仍然沒有真正聆聽彼此所說的話，也沒有全心全意陪伴。這樣的情感斷裂，讓我們變得更容易受傷。

培理醫生：我認為是這樣沒錯。即使我們生活在一個很棒的國家，有很多善良的人，但我相信整體而言，我們的復原力變差了。我們承受壓力源的能力降低了，因為我們的情感連結降低了。

這樣的人際關係貧乏，代表當我們真正經歷壓力時，緩衝能力變小了。我們變得「過度敏感」，任何可能有潛在威脅的事物，都會引起太激烈的反應，例如政治觀點不同的人。很多人遇到相對算小的挑戰時，卻做出過度的反應。當我們因為狀態改變了功能而變得過度敏感，我們會迅速改為使用比較不理性、更情緒化的方式思考與行動。我們失去了冷靜思考他人意見、反應的能力，以及嘗試從他人觀點來思考的能力。

歐普拉：我經常看到這樣的狀況。有人犯了錯，或是多年前說過的話又被挖出來，然後「取消文化」（Cancel Culture）[12]便全面啟動。沒有人想要聽別人說話。

培理醫生：最諷刺的是，所有人類溝通的特質，都是來自於溝通失誤、發生不快，然後加以修復的過程。我的好友，發展心理學的先鋒艾德・莊尼克曾經說過，人與人之間發生摩擦、再修復的過程，有助於培養復原力。這些摩擦是劑量剛好的壓力，程度適中、可以控制。

舉例來說，對話有助於促進復原力；在家裡餐桌上進行的討論與爭論、朋友之間有點激動的對話，只要之後有修復，這些經驗都有助於培養復原力、發展同理心。我們不該氣沖沖地離開爭執現場，而是該自我調節、修復摩擦、重新建立連結、得到成長。如果只是走開，那麼每個人都輸了。我們需要增強聆聽、調節、反省的能力。這需要原諒的能力，需要有耐心。成熟的人際互動，必須要能理解和自己想法不同的人。要是家人不相聚吃飯，朋友不出去見面，不進行面對面、長時間的談話，而只是透過簡訊或推特溝通，那麼，我們便無法創造出那種正向、健康、有來有往的人際連結模式。

歐普拉：當然，愉快、正向的時刻很美好。不過，你剛才所說的意思是，真正的成長來自於艱難的時刻、有摩擦的對話。在面臨這種時刻時，我們心中必須覺察「你發生過什麼事？」。

培理醫生：同理心是設身處地的能力——尤其是在情緒上，試著感受一下他們可能有的感受——在認知上也是，從別人的觀點看待狀況。如果抱持同理心進入互動，就比較不會對發生的事有負面觀點。如果順利，這也能讓你更瞭解對方——即使是已經認識的人。你有可能更加瞭解他們的故事，如此一來，當你和他們互動時，調節也會更加良好。

當有人態度惡劣，我們的典型反應是被捲進他們的情緒中——我們失去調節，然後以同樣惡劣的方式回敬。但是，如果進入互動時懷抱著調節良好、富同理心的態度，你的回應就會改變。

歐普拉：這樣就能改變一切。你也說過，人類大腦的設計其實不適合現代世界。可以談一下嗎？

12 取消文化，指當有公眾人物說了或做了某件令人反感或不正確的事，群眾便在網路上發起抵制行動，讓該公眾人物的工作機會、企業贊助、網路形象大受影響。

培理醫生：人類成為人類——這樣的基因型態——大約有二十五萬年。這段歷史當中，百分之九十九點九的時間，我們都過著狩獵採集生活，居住在有多個家庭的小型聚落。因此，我們的大腦「適合」這種小型團體的社會特徵以及複雜程度。人類存在的整個歷史中，我們的社會「網路」都很小——我們只「認識」六十到一百個人。或許我們和有類似親屬關係、共通文化元素的部落來往，但我們的「世界」大多很小，並且根植於自然世界。一天當中，在同一個地方可以見到各種發展階段的人——成人、少年、兒童混雜相處。人與人之間的距離比較近，比較常觸摸，而且有更多情感連結。我們的感官系統進化的目的，是為了觀察自然界日常的節奏、色彩、光線、聲音，以及我們相對小型但複雜的社會群體——我們的部落與部族——當中的語言信號，以及更大量的非語言信號。

但現在，我們的生活與幾千年前非常不同。我們發明了現代世界。當這樣的世界與所發明的物品，讓我們離基因能力與偏好越來越遠，就會出問題。

我們當前的挑戰是，發明東西的速度遠超過我們解決問題的速度。過去兩千年來，我們的世界改變的速度——人口、科技、交通等等——有如大爆炸。正如同科幻小說作家兼生化學家以撒．艾西莫夫（Isaac Asimov）所言：「現代生活最悲哀的一點，就是社會蒐集智慧的速度，比不上科學蒐集知識的速度。」

太多發明讓我們逐漸遠離自然世界以及所偏好的「社會」，因此而產生的一個難題，便是我們用來監控世界的神經系統感到壓力。現代世界不停輸入過量的混亂訊號：街頭噪音、交通、飛機、收音機、電視、冰箱雜音、電腦散熱噪音，我們的壓力反應系統必須時時刻刻監視這些，以致於精疲力竭。居住在都市環境中，對這些系統而言更是一大負擔：每次在街上遇到不認識的人，你的大腦就會問：「安全熟悉嗎？朋友或敵人？值不值得信任？」——一次、一次又一次。你掃描個人的特徵，和你的「內在分類」中屬於「安全熟悉」的類別做比較。這樣持續監控社會環境，會導致占用太大量的頻寬。

於此同時，我們反抗自然。我們使用人造光在夜裡保持清醒；我們吃的食物過度加工——完全不同於身體進化過程中習慣消化的食物。這些全都帶給我們的身體壓力，尤其是大腦。

而如果你還必須為居住、食物、就業等問題煩心，那麼壓力會更嚴重。貧窮使得生活難以預期、缺乏安定，耗盡了壓力反應系統的頻寬，以致於逃離貧窮的「機會」變成沒有頻寬可用。

歐普拉：我們談過貧窮可能引來創傷。但正如你所指出的，我們擔心的不只是經濟上的貧窮。孤獨寂寞也是一種全球傳染病。

培理醫生：我非常擔心現代社會的關係貧乏問題。在工作中，我們發現只要知道一個人的「人際關係健康」狀況，或是情感連結的狀況，就能推測他目前的精神健康狀況。情感連結需要兩種燃料：你所發展出建立並維持人際關係的「基本能力」，以及你在家庭、社區、學校等等地方得到的人際關係「機會」。

簡單地說，現代生活提供的人際關係互動機會比較少。在多家庭、多世代的環境中，持續不斷的社交互動提供豐富的資源，讓人能夠調節、獎賞、學習。而這就是我們熟悉的生活方式。一七九〇年，我們國家六成三的家戶人口數至少有五個以上；兩人或以下的家庭只有不到一成。今天，這個數字徹底翻轉：二〇〇六年，只有百分之八的家庭有五個或以上的人；兩個或以下則高達六成。最近所做的調查在美國、歐洲、日本的都會社區取樣，高達六成的家戶只有一個人。

還要加上長時間看螢幕的影響。在家中、工作、學校，我們花上好幾個小時在螢幕前——平均每天超過十一個小時。我們越來越少全家一起吃飯；我們的談話技巧降低。說故事的藝術與聆聽能力都退化了。結果就是，人變得更自我、更焦慮、更憂鬱——復原力更差。

歐普拉：你認為這一切加起來，導致同理心也跟著減少？

培理醫生：唉，展現同理心的能力，是腦中關鍵神經網路的功能，而這些網路的組成則是用進廢退。換言之，就像流利的語言能力，必須接受大量交談與語言刺激，要有「流利的同理心」，則需要充滿關愛的人際關係互動，重複的次數要足夠。但我們的現代世界，無法給孩子這樣的機會。

在極端的狀況下，倘若嬰兒沒有得到一致、安全、穩定、呵護的關愛，那麼，他形成健康關係所需的重要能力，就不會發展出來。而根據其他發展性經驗的差異，可能會在親密關係、社交技巧與人際行為上產生不同的問題。

歐普拉：我知道你研究過從來沒有發展出同理心的人。

培理醫生：我記得那時我在監獄的會見室裡，坐在我對面接受訪談的女犯人殺害了一個年輕媽媽，搶走她的嬰兒當成自己的孩子撫養。我看過她的紀錄，也和她談過，可以清楚看出她的人際連結嚴重斷裂。

不過，如果知道「她發生過什麼事」，那麼就會覺得很合理。她本身出生才六天就遭到拋棄。她在收容中心住了幾個月——由許多不同的人照顧——然後進入寄養家庭體系。也就是說，從出生開始，她就沒有過任何長期的關係。她不屬於任何人；她不屬於任何地方。到了十六歲，她已經住過七個州、十二個城市、二十六個不同的地點。她從來沒有在一間學校待超過兩年；她在單一地點居住最久的一次是八個月。她和家庭、社群、地方都沒有連結。

這個女人不知悔改，對於她殺害的母親和她搶走的嬰兒都沒有真正的感覺。我們談話的時候，她感覺空洞冰冷。她沒有同理心。不過，正如我們在第三章討論過的，自己沒有的東西當然無法給予。如果從來沒有人跟你說話，你就不會說話；如果你從來沒有得到愛，就無法給予愛。

歐普拉：不過，除了像她這樣的極端案例，你也說過我們整體的同理能力——感受彼此痛苦的能力——發生了變化。

培理醫生：沒錯。我所謂的變化，是指同理心發展不良或不夠成熟。幼童即使聽到的詞彙偏少，他們依然能夠學會說話——只是不那麼流利。同樣的道理，當兒童的人際關係互動偏少，他們依然能發展出社交能力——只是他們會比較不成熟、以自我為中心、只想到自己。許多研究都顯示出這樣的結果。同理心發生了顯著的改變：與二十年前相比，一般的大學年齡成人有三成「比較沒有同理心」，只想到自己。一項研究發現，過去三十年，美國大學生精神病比例升高了四成；研究人員認為，可能是因為「文化變得比較注重外在目標，例如物質主義、身分地位，而逐漸遠離內在目標，例如社群、人生意義、感情紐帶」。這並不代表年輕人很壞或比以前壞，但這是很明顯的例子，可以說明我們的人生經歷如何塑造我們；過去的遭遇很重要，我們全都在某種程度上反應了家庭、社群、文化的關係特徵。

當我思考家庭結構與文化的改變，我經常會想到巴瑞・李文森（Barry Levinson）的電影《阿瓦隆》（*Avalon*）。開頭第一幕，是一個多世代大家庭聚餐慶祝感恩節的畫面。那間公寓相當小，但所有世代的人都在一起，相親相愛、熱熱鬧鬧。而最後一幕，同樣是感恩節：那家人「成功」之後，搬去郊區，只剩下一個核心家庭——他們曾經是大家庭的一部分——一家人排排坐著，沒有說話，吃著放在小桌子上的冷凍食品，一邊看電視。

我們社會的跨世代社交組織逐漸磨損；我們的情感連結斷裂。我認為這樣會讓我們在遭受負面經驗時比較容易受傷，而且我認為對於目前面臨的那些問題，如焦慮、自殺、憂鬱比例增加，這絕對是很重大的影響，即使在新冠肺炎大爆發之前就已經是如此了。

歐普拉：你認為與情感連結斷裂有關。

培理醫生：是的。我們看到越來越多焦慮、失眠、濫用物質、憂鬱症的案例；而我們的社會中，連結斷裂與孤獨寂寞的問題絕對是重大因素。

哈佛的一個團隊最近研究了憂鬱症相關的所有因素，其中最重要的項目與情感連結有關：「即使一個人因為基因問題或早年創傷而成為憂鬱症高風險族群，社交連結的保護力依然有效。」我們的研究也支持他們的結論。我們最重大的一項發現就是，影響一個人目前精神健康的因素當中，童年人際關係健康——也就是情感連結——重要的程度不亞於童年負面經驗，甚至更勝一籌。對於經歷過創傷的兒童與青少年，要預測他們目前的精神健康功能，最好的方法就是研究他們目前的情感連結。

我不禁想起毛利長老說過的話，他們相信創傷、焦慮、憂鬱與物質濫用「全都是同一件事」——情感連結和歸屬感與這些問題息息相關。

歐普拉：我也有同感。我之前提到過，聽過數萬人分享故事之後，我產生一個深刻的領悟：所有痛苦都一樣——我們只是選擇不同方式表達。除此之外，我相信我們來到人世，是為了從彼此的痛苦中學習。因此，當我們失去社群，我們所感受到的社會孤立，對所有人而言都是巨大集體痛苦的來源。

培理醫生：連結斷裂是一種病。我認為毛利長老的想法很正確，不斷升高的自殺率，絕對與我們的社會結構損壞脫不了關係。

現在，我們養育兒童與青少年的環境，在人際關係貧乏的同時，又有螢幕科技產品大幅增加造成的過度感官刺激。

歐普拉：我們全都太黏手機。甚至沒有視線接觸。

培理醫生：沒錯。簡訊、推特、貼文越來越多，但真正的對話越來越少。彼此安靜對話、心無旁騖聆聽朋友說話，我認為這樣的時間遠遠不夠。這樣的交流，可以帶來品質截然不同的人際連結；截然不同的深度。我認為我們渴望那樣的關係，而許多人轉向社交媒體尋求，但最終這樣的交流無法滿足渴望。

同時，青少年自殺、焦慮、憂鬱症的比例節節升高。我們的文化如此「先進」，我們擁有如此富足的財力、創意、生產力——然而，體制中的偏頗、不平等依然持續帶來邊緣化與破碎化，削弱社群與文化的凝聚力。

我們或許有還不錯的公共教育體系，我們或許有神奇的科技，但我們依然無法滿足孩子與我們自己最基本的人際關係需求。因此許多人感到空虛，急於尋求連結，而且往往是以非常不健康的方式。

歐普拉：而且所有社經階層都會發生。擁有財富似乎不會讓人免於焦慮或憂鬱。

培理醫生：是的。不過，處在任何一種權力差異的下層，都會讓人生變得困難許多。當一個人不屬於「主流」團體，那麼，邊緣化可能會導致欠缺歸屬感。

我們之前討論過，大腦隨時都在掃描社交環境，尋找各種徵兆以判斷你是否有歸屬感。當接收到自己屬於這裡的信號——許多都是下意識的，那麼，他們的壓力反應系統就會安靜下來，告訴他們現在很安全。他們調節良好、得到獎賞。但當他們接收到不屬於這裡的信號，那壓力反應系統便會啟動。而「不屬於這裡」的信號，是我們見到陌生人時的預設信號，尤其是當那個人的特徵不符合我們的家庭團體。我們會將這個人視為潛在威脅。

歐普拉：也就是「他人」。

培理醫生：沒錯。現在想想看，這樣的反應在我們的現代世界中會變成怎樣。我們之前提到過，生活在都會地區，每天都會見到千百個「新的」人，你的大腦必須不斷監控這麼多人。**朋友或敵人？會幫助我還是傷害我？**這非常耗費精力，會占據很大的情緒頻寬。生活在都市的人，通常會學著徹底忽視其他人，避免互動。就算有人擦身而過也不會有任何表示。這樣的互動讓你感覺自己隱形了，但對路人而言，這只是一種自我保護。

許多人外出旅行時往往會感到「精疲力竭」，即使他們只是排了幾次隊、坐了一趟飛機。之所以會這樣，是因為你的大腦持續在監控成千上萬的新刺激。別忘記：長時間啟動壓力反應系統，即使程度適中，依然會造成身體與情緒上的疲憊。

因此，現代社會的焦慮可以歸因於持續不斷的新事物轟炸——尤其是新的社交——卻缺乏可以抵消衝擊的人際關係連結。

歐普拉：也就是說，當我們的世界擴張，我們遇見越來越多人，大腦卻忙不過來。

培理醫生：是的，結果就是，大腦會開始使用捷徑處理所有新的人，因為大腦能夠進行完全互動人際關係的數量有限。想想先前我們討論過的內容，就會覺得真的很有意思，這個數量的極限大約是八十到一百人——也就是大型狩獵採集部落的人數。

歐普拉：認識新的人要耗費很多精力與時間，而我們的大腦空間有限。或許就是因為這樣，搬家才會那麼辛苦。

培理醫生：是。當你搬離熟悉的環境，加入新社區，你的大腦會持續努力管理所有新事物。但是在新環境裡，沒有任何真正的人際關係定錨，因此會非常難做到。人際關係會成長，但需要時間。因此，人在經歷重大轉變的前半年特別脆弱——離開了安全、穩定、熟悉的環境，開始建立新的連結。

想想妳學校裡的學生。她們全都非常年輕，但她們離開了社交背景，進入全新的環境。在她們能夠建立情感連結之前，都會非常脆弱。

歐普拉：所以我幫她們安排了接待家庭，這樣她們永遠有地方可去。一個安全的地點。

培理醫生：這樣做真的很聰明，因為情感連結能夠幫助我們度過轉換期，在面對不斷轟炸的新事物時得到調節。

歐普拉：那麼，如果沒有社群，人該怎麼辦？他們只好轉向手機。雖然客觀上這樣沒什麼不對，但到了最後卻只形成空虛的連結。

培理醫生：有時候，我會看到有人為了得到連結而拚命追求「朋友」、「追蹤者」、「按讚」的數量，到了無所不用其極的程度。歸屬感、形成自己的部落，有很強大的吸引力。不過正如妳所說，社交媒體的連結往往很空虛。

歐普拉：因為當你生病、離婚、寂寞的時候，在身邊的人不會是那些「朋友」、「追蹤者」。

有些人不會和鄰居一起坐下來聊天——甚至很多人不會和家人坐下來聊天。我想起你之前說過的話——關係斷裂是一種病。孤獨寂寞可以歸類為新型態的創傷嗎？

培理醫生：我確實認為，在某些狀況下，孤獨寂寞會導致壓力反應系統過度敏感。因此，以這種方式來看，孤獨確實可能成為創傷。例如說，把一個人關在單獨禁閉室裡。孤獨的時機也會造成差別——回想一下我去監獄訪談的那個女囚，剛出生就被拋棄的那個。

我認為將人際關係貧乏——欠缺情感連結——視作一種負面經驗，絕對不是沒有道理。人際關係貧乏可能會阻礙正常發展，影響大腦運作，提高身體與精神健康問題的風險。對人絕對沒好處。

歐普拉：尤其是兒童。

培理醫生：是。我們全都想成為團體的一部分，但很多兒童遭到邊緣化、排擠、霸凌。這可能會造成嚴重後果，遭到孤立會產生深遠長久的不良影響。

在許多方面，我們社會的人際關係貧乏是一種社會與情緒飢荒。我們的孩子在挨餓。

歐普拉：我認為很多人應該很難接受這種概念，因為現代文化中的兒童似乎應有盡有。你說他們在挨餓，是什麼意思？

培理醫生：呃，滋養有許多不同的形式。我們西方文化不夠重視一件事，就是「觸碰」對我們生理與情緒成長有多重要，影響有多強大。

歐普拉：有意思。

培理醫生：觸碰對於生理與情緒健康發展的重要性，不亞於卡路里和維他命。如果嬰兒沒有得到餵食或搖哄——感受不到照顧者慈愛溫暖的觸碰——他們就不會長大。事實上，他們甚至可能會死亡。

歐普拉：真的死掉？

培理醫生：絕對會。我們社會上的很多人，包括兒童與青少年都欠缺觸碰。大家不懂健康觸碰的道理。幼兒的天性會想跑去擁抱同學或老師，但有些學校也加以禁止。然而，對於三、四歲的幼兒，一連八個小時沒有和別人觸碰、擁抱或嬉戲摔角，這樣是很不健康的。

歐普拉：我聽說在美墨邊境會將父母與兒童分開時，就覺得很不舒服，這也是其中一個原因。美國小兒科學院的前任院長珂琳．珂拉夫特（Colleen Kraft）說過，最令她震驚的是照顧者被禁止觸碰兒童。嬰兒尖叫哭喊，照顧者卻不能觸碰他們，只能一直給玩具、給玩具、給玩具。雖然說要保護兒童避免不好的觸碰，但我知道一定有辦法可以允許健康的觸碰。

培理醫生：這是非常經典的例子，政策立意良善，卻對成長中兒童的需求欠缺瞭解。這個規定，原本是為了將不當觸碰與虐待的可能性降到最低，也避免員工受到誣告。但他們沒有思考如何在控管良好的環境下進行健康觸碰，反而實施全面「禁止觸碰」的規定。

這是我們文化中很常見的問題：我們太急於反應；我們以方便的短期解決方法為優先；我們太怕風險；我們以物質作為獎賞而不是人際關係。**來，給你玩具。乖乖聽話，我們就給獎品。**給玩具而不是撫慰觸碰，這種作法簡直錯得離譜。忽視發展性需求、不懂創傷知情的政策才會造成這種結果——再次證明我們必須改變體制。

歐普拉：我聽說這件事的時候，忍不住哭了。我們真的必須改進。我們明明知道不該這樣。我們知道人類觸碰是健康的。我們知道盯著螢幕再久也無法取代朋友、老師、教練或父母。

培理醫生：我要再說一次，我們發明世界的速度遠超過理解這些發明影響程度的速度。電視、電玩、手機、電腦——這些全都是很近期的發明。我們還沒有充分瞭解這些設備對發展中大腦的影響，也不知道兒童將會如何思考、處理經驗。但我們開始理解，一連十一個小時盯著螢幕會對社交發展產生破壞性的影響。我們全都見識過，全家一起用餐或和朋友交談時，一邊傳訊息或講電話的破壞性影響；以及上課或開會時上網造成的分心現象。

歐普拉：我聽你用過「科技衛生」（Techno-Hygiene）這個詞。我很喜歡。可以說明一下嗎？

培理醫生：基本上，我認為我們需要發展出一套社交行為「規範」，控制我們使用新科技的時間與方式。一直以來，人類創造新科技的同時，也會發明新規範。

以目前的衛生規範為例。發現疾病、微生物與汙水的關係是醫療界極大的突破。現代人會覺得不可思議，不過，以前外科醫生動手術前不會先洗手；人們隨地便溺，聚落將汙水倒進飲用水源。不過，當我們學習到病菌、感染與疾病的關係，就領悟到必須改進作法，於是發展出一套衛生規範。我們教導兒童便溺要去廁所；我們上完廁所之後會洗手；我們將汙水與飲水分開。

我認為我們需要全面性的「規定」，為使用科技制訂標準。無手機區域、無手機時間、適當的「劑量」，以及每次使用要間隔多長的時間，諸如此類。例如說，我們知道，兒童長時間持續盯著螢幕，對許多方面都沒有好處，包括語言技巧、注意力、集中力的健康發展；因此，美國小兒科學會（American Academy of Pediatrics）應該制訂年齡與時間限制建議。當我們學習到更多，就可以再針對這些「衛生」建議進行修改。

歐普拉：據說兩、三歲以下的幼童完全不該看平板或螢幕，因為這些裝置對他們的大腦發展有壞處，真的是這樣嗎？

培理醫生：或許最好不要。

歐普拉：為什麼？

培理醫生：我們大腦的結構讓我們偏重於視覺；雖然我們有多種感官，但視覺往往最重要。影像可以觸動強烈反應，因為我們的大腦偏好有顏色與動作的視覺內容。當這兩者在螢幕上結合，就能緊抓住觀看者的注意力。

這不一定是壞事——除非大腦覺得太愉快、太迷人，以致於我們偏好這種方式，不喜歡其他比較平和、緩慢的感官輸入。嬰兒或幼兒如果太沉迷螢幕，就會錯失其他學習這個世界的重要方式。他們應該探索東西的觸感、氣味、滋味。他們應該用所有感官工具理解他們的世界。

妳應該知道嬰兒和幼兒常喜歡把東西放進嘴裡吧？他們想知道紫色的花是什麼滋味。他們在理解世界。不過，倘若一天中百分之七十五的時間都盯著螢幕，沒有觸碰、感受、移動、人際互動，那麼，在人生那段時期迅速構築的大腦當中，會有一些關鍵部位發展不良。

要教小孩講話，最好的方式不是讓他們坐在螢幕前，而是和他們說話。如果認真觀察兒童增加詞彙的狀況，就會發現流利程度取決於來回互動、交談當中使用的詞彙數量。而不是他們從螢幕裝置上聽到的詞彙量。

歐普拉：我們希望孩子、其他兒童與成人在現實生活中產生連結。如你所說，在有很多機會得到刺激的狀況下，大腦才會發展出同理心系統。

培理醫生：因此，在理想的狀態下，如果孩子生長在一個人際關係「富足」的家，有很多機會得到安全、穩定、滋養的互動，他們將建立起情感連結與復原力。要瞭解我向原住民長老學到的傳統育兒與療癒行為，這是非常核心的概念。

他們對人類情感連結重要性的理解，反映出現代世界失落的智慧。真是諷刺，現代世界將原住民文化邊緣化，但其實他們的文化掌握了能夠療癒現代人困境的智慧。

Chapter 10

現在我們需要什麼

當一個人將自己貼上壞或笨的標籤、

相信這就是命運時，

光是瞭解到事出有因，

便足以帶來改變人生的契機。

很多年前，諾貝爾獎得主童妮．摩里森（Toni Morrison）的小說作品《寵兒》（*Beloved*）改編成電影，而我飾演賽絲（Sethe）這個角色。

賽絲原本是奴隸，女兒寵兒慘死的陰影糾纏不去。在電影中，寵兒回到賽絲身邊，轉生成為賽絲收容的殘障孩子。賽絲終其一生都在向寵兒贖罪，她們的關係變得越來越糾纏不清，令她耗弱。

有一天，當我們在拍攝賽絲幫寵兒塞好毯子的一幕，導演強納森．德米只給我一個指示：「好，去幫她塞毯子。」

於是我繞著床的四個角走一圈，把毯子摺得漂漂亮亮，塞到床墊底下。

「卡。」攝影機後面的強納森大喊。「歐普拉，塞毯子不是這樣。」

於是我更認真地重做一次，將毯子的四個角塞在床墊底下。

「卡！」強納森走過來。「妳在做什麼？」

「我在幫她塞毯子。」我感覺心中湧起恐懼與羞恥，但我不知道為什麼。

「這只是在鋪床。」他說。「幫女兒塞毯子不是這樣做。」

那一刻，我恍然大悟。我注視強納森。「我不知道『塞毯子』是什麼意思。」我輕聲說。「我不知道怎麼做。」

終於，我們兩個都明白發生了什麼事。強納森溫和地教我如何以慈愛的動作繞著女兒的身體走一圈，細心幫她把毯子蓋好。我們一起繞著床走動，我心中湧出悲傷。

印象中，從來沒有人幫我塞過毯子。

我從來沒有感覺過任何人以那種慈愛用心的動作，幫我蓋好毯子。

那一定就是母愛吧。

幾年後，我和朋友悠拉妮雅一起在廚房裡，她的女兒凱莉也在。悠拉妮雅問凱莉想不想吃東西。「要。」凱莉說。

悠拉妮雅走到冰箱前，拿出一些草莓。她清洗乾淨，拿出刀子雕刻，我看得出來她做過很多次。一刀接一刀，草莓變成一朵精緻的玫瑰。「草莓玫瑰！」我讚嘆。悠拉妮雅小心翼翼將美麗的草莓放在盤子上交給女兒。看著她的動作，我不禁熱淚盈眶。她所表現出的柔情，灼傷了我的靈魂。

再一次，我告訴自己：「那一定就是母愛吧。」

我和母親之間的關係很複雜。我之前提到過，我的童年早期都在外婆家度過，一直到我六歲那年。那段時間，我對媽媽毫無印象。

我外婆生病之後，我突然搬去威斯康辛州的密爾瓦基和我媽媽一起生活。這絕不是什麼感人的母女大團圓。我感覺得出來她不歡迎我。

我抵達密爾瓦基的那天晚上，我媽媽分租房子的房東米勒女士看了我一眼，然後說：「她只能睡門廊。」米勒女士膚色很淺，甚至會被誤以為是白人，她無法容忍家中有個「捲毛黑小鬼」，她這麼形容我。

我媽媽說：「好吧。」

我從小睡在外婆的床上，沒有睡過其他地方。在那個封閉式的門廊裡，我能聽見外面馬路的聲音。我看著媽媽關上門，回自己的臥房去睡覺，我原本以為可以和她一起睡。充滿恐懼的寂寞吞噬我，我哭了出來。我想像賊跑進來把我從門廊綁走，或是有人從窗戶闖進來勒死我。那天夜裡，我跪下求上帝派天使來保護我。

早上醒來時，恐懼消失了，但在睡覺時無法安心的感覺跟著我幾乎一輩子。我的靈魂徹底領悟到一件事。六歲時，我感覺到自己有多孤單，除了上帝，沒有人會保護我。

痛苦與隨之而來的決心，後來成為一種循環，在我的人生中重複了許多次。我深深相信，這就是貫穿我人生的主線。我童年時忍受的掙扎，讓我能夠看出別人的痛苦並且給予關懷。小時候渴望得到肯定的心情，我在其他人身上也看見了，而且強烈的程度不輸當時的我。好幾萬人鼓起勇氣和我分享故事，因為他們的故事就是我的故事，他們的痛苦就是我的痛苦。因為，所有痛苦都是一樣的。

——**歐普拉**

歐普拉：我聽過很多美好的故事，人們說自己「打破循環」，終結家族中的虐待或創傷，徹底防止將這類負面經驗或有毒的影響傳遞下去。真的可能做到嗎？

培理醫生：我要先澄清一件很重要的事，受過虐待的人大多不會用同樣的方式去虐待別人。另一方面，我們漸漸明白，遭受虐待之後採取的適應辦法，往往會影響他們與人相處的模式，例外非常稀少。雖然不一定會成為「病態」，但是會影響你形成並維持人際關係的方式。

這裡又要回到之前討論過的問題：為什麼有些人好像會故意去找充滿虐待的關係。我們的大腦、心靈會將我們拉向熟悉的模式——即使那些模式是負面的。人們最後往往會重複先前適應不良的模式，而且完全不自知。很多時候，我們身邊的人會比我們自己看得更清楚。

歐普拉：是的，而且除非你自己看清楚了，否則不會發生真正的變化。我很小的時候就知道，如果我想要成功，就只能靠自己。沒有人幫我建立你所謂的「支架」。但那些年，我遇到幾位非常特別的老師，他們看出我有潛力，因此花時間培養我。就像你所說的那樣。真的只要有一小群人，願意以全新的眼光看你，並且付出時間幫忙，這樣就夠了。那些老師沒有受過創傷知情教育。現在有更多人懂這些知識，你的開創性研究推出之後，在世上造成了漣漪效果，你認為會有更多人能夠得到療癒嗎？

培理醫生：現在的我比二十年前樂觀。我的職業生涯大多都用在更瞭解受過創傷的兒童、青少年與成人，並且研究如何幫助他們。當我們終於將複雜的神經科學轉譯成臨床工作可以使用的治療模式，對我們而言是非常重大的進展。

神經序列模式讓我們能夠創造出一個版本，瞭解個人大腦組織的方式；基本上就像檢查房屋。詢問房子建造的「歷史」——也就是「你發生過什麼事？」——我們可以得知房子可能會有怎樣的問題。要是沒有讓地基的水泥好好固定，或是二樓的管線沒有拉好，這樣會發生什麼事？

一旦知道問題的源頭，我們就可以更加瞭解如何處理。製作出房屋——大腦——原始結構的副本之後，我們就可以進行「重建／修繕」計畫。知道問題可能出在哪些區域之後，我們可以提供經驗——教育與治療雙管齊下——讓受到忽視、負面經驗、創傷影響的系統重新啟動、重新組織。我們更瞭解如何選擇治療經驗並安排順序——更成功地掌握我們所能給予的幫助以及時機。

還有很多要學習的東西，但我們相當樂觀。使用這種神經發展、創傷知情角度進行的臨床治療與教育服務，已經嘉惠了超過二十六個國家的數十萬兒童、青少年與成人。

回想一下麥克．羅斯曼。當我們終於知道要以「從下而上」的方式，幫助調節他因創傷而過度敏感的核心調節網路，那就是神經序列模式的測試版——以適當的順序處理大腦的各種問題，先專注在下層網路，然後再解決上層區域的狀況。

歐普拉：就像你之前說的：調節、連結、再訴諸理性。

培理醫生：我再來舉一個例子，更詳細解釋如何運作。大約二十年前，有人請我們去見蘇珊，她當時七歲，於兩歲時被領養；她的行為令父母、老師、諮商師都頭痛不已。蘇珊在兩歲被領養的時候，她不會用言語表達，有睡眠障礙，長時間「鬧脾氣」，呆視失神，也會出現自殘舉動，例如抓臉，或把皮膚摳到流血。隨著她長大，更多人參與照顧她的工作：物理治療師、職能治療師、家教、住家精神健康專業人員、校內協助人員、發展專業小兒科醫生、心理醫生、精神科醫生。整整五年，她被診斷出的疾病與治療方式不停改變，但全都效果非常有限。

在生命早期，蘇珊經歷了嚴重的負面經驗而人際連結極少。她的房屋「地基」很可能非常脆弱、不堪一擊。她的生母是單親媽媽，自己也有精神健康問題；她在四歲時也接受了家外安置，童年與青少年時期換過好幾個寄養家庭。滿十八歲之後，她不再適用兒福體制，從此只能靠自己。她立刻懷孕，但無法照顧蘇珊。兒福體制在蘇珊四個月的時候將她帶走，最後終止了她媽媽的親權。蘇珊受州政府監護。這樣的代際傳遞創傷，在我們的兒福體制中相當常見。

蘇珊離開生母之後，進入庇護中心兩個月。然後她連續換了三個寄養家庭，接著才終於被領養。可以想像她的「世界觀」如何定義安全，以及成人的可信度。長達兩年無法預期、無法控制的生活，加上壓力系統以極端的方式啟動，她建造房屋的過程不停被打斷，電線、水管、框架全都受到衝擊。她會出現解離系統過度敏感的典型症狀，一點也不奇怪。就像我們之前談過的那樣，她的自殘行為是為了自我調節。當面對無法逃避的痛苦與壓力，她只能解離——所以才會呆視失神。而她的壓力反應中，激發的部分同樣過度敏感（見圖5）：她亂鬧脾氣的行為，等於幼兒的反擊或逃跑反應。這是個極度害怕、困惑迷惘、發展不良的孩子。

現在的問題在於，教育系統與精神健康系統都將蘇珊視為七歲的孩子——更別說她的養父母。不過，雖然她的年紀是七歲，但她的發展卻沒有達到七歲的程度。她的社交技巧只有嬰兒程度，調節技巧只有兩歲程度，認知技巧只有三歲程度。父母、老師、心理醫生一直努力和她講理。他們解釋規範，努力探究「為什麼」她要做那些「不乖」的事。他們盡力了；他們不懂大腦功能會因為狀態而改變，也不知道考量到蘇珊的過去，這些發展性困難其實是可以預期的。

我們的神經序列模式讓我們能夠打造治療藍圖，從「地基」開始——也就是蘇珊的下層腦。她有嚴重的感覺統合失調（Sensory-Integration Issues）——她無法忍受被觸碰；只要同一個空間裡有超過一個人講話，她就會受不了；她無法忍受特定布料的觸感；她總是把自己埋在一堆毯子和枕頭下面，還有其他更多的問題——因此，我們的第一步就是創造出一套可以預期、模式規律的體感經驗：利用重量毯（Weighted

Blanket）[13]，慢慢讓她接觸治療按摩，由創傷知情知能的治療師提供豐富的「感官餐點」。我們並沒有把重點放在蘇珊的其他問題上，例如同儕相處困難、無法在課堂上專心、憂鬱症狀、暴怒，甚至是她的口語能力障礙。我們要照順序進行。我們先從下層系統開始，其他問題會在未來的治療過程中一一處理。

神經序列方法的關鍵，在於幫助父母、教師、臨床工作人員瞭解「階段」，並且觀察「狀態」，我們希望幫助他們瞭解孩子真正的發展能力到什麼程度——他們真正的發展階段，而不是生理年齡。我們想幫助他們認知到孩子的狀態變化；我們鼓勵他們問自己：「這孩子現在的狀態能夠『聽見』我想說的話、想教的東西嗎？」

真的很不可思議，但我們經常忽略這個問題。正如我們之前討論過的，當孩子嚴重調節不良，他們便無法學習新東西、接收新經驗。如果一味期待孩子要注意、專心、學習，那麼只會破壞孩子對你的安全感。這樣做會傷害孩子與你之間的同理心紐帶——

13 重量毯，具重量與厚度的毯子或被子，能夠幫助安撫焦慮、憂鬱的情緒，在國外廣泛運用於醫療方面，如治療失眠、創傷陪伴等等。

而改變的機會正端賴於此。因此，當孩子的狀態無法學習時，先放下「教學」、「訓練」、「講理」，後退一步。當你感到灰心沮喪、不受尊重、氣憤動怒，先專注在當下，調節自己，因為他們不會聽你說。如果你後退一步、冷靜下來，就可以使用皮質，想起幫助孩子調節的方法。你們之間的關係又撐過一天，可以繼續教下去。

我們治療蘇珊的工作持續了四年。她的進展緩慢但穩定。主要的治療技術不斷進化——從體感到節奏與調節（包括和一隻治療犬合作），再到關係治療，最後是認知領域（例如創傷聚焦認知行為治療法）。最神奇的是，最後我們使用了許多一開始失敗的治療方式。那些方法沒有什麼不好——只是當時蘇珊無法從中獲益。神經序列。一切都要照順序。大腦發展、處理感官輸入的資訊、治療，這些全都要照順序。

治療結束時，蘇珊可以不用上特教班，而且也趕上了依照年齡該念的年級；她交了一些朋友；她不再出現暴怒或自殘的狀況。她使用的解離調節方式變得比較健康、比較被社會接受——閱讀、藝術、戲劇。她發展出善良、同情的能力。她的父母不再精疲力竭、焦頭爛額。

歐普拉：這個故事告訴我們，無論發生過什麼事，你都有機會重寫劇本。

培理醫生：正是如此。永遠來得及。治療絕非不可能。關鍵在於要知道從哪裡開始，並且滿足病患的發展性需求。

歐普拉：我記得曾經訪問過貝琳達・彼特曼・麥基（Belinda Pittman-McGee），她是密爾瓦基市妮雅・伊曼妮中心（Nia Imani Center）的負責人，那是一所長期過渡性收容中心，專門收容無家可歸而又懷孕、或帶著幼兒的年輕女性。貝琳達說，去他們中心的婦女通常都有行為失調問題，例如容易發脾氣、工作得不長久——從小生長在創傷環境可能引起的那些問題。她說，當她向她們介紹創傷的概念時，她們終於明白自己在情緒上的困難與亂發脾氣的問題，都與「**她們發生過什麼事**」有關。當一個人將自己貼上壞或笨的標籤、相信這就是命運時，光是瞭解到事出有因，便足以帶來改變人生的契機。

培理醫生：數不清有多少人在得知自己大腦運作的方式與原因之後，感覺大大地鬆了一口氣。我們不給他們貼精神病標籤。我們只是告訴他們，這就是你建構的方式，基於「**你發生過什麼事**」的概念，一切都有脈絡可循。然後我們幫助他們瞭解，大腦有可塑性，「可以塑造」，可以改變。我們一起制訂出計畫，幫助那些造成問題的系統做出改變。

歐普拉：因為他們認知到：**我經歷過的事造成我有這些感受。不只我一個人有這種問題。一切都很合理**。當一個過勞的媽媽扶養三、四個孩子，而且還有創傷歷史，當然會覺得難以獨自扛起所有重擔，這很合理。她的身體健康受到損害，而她甚至沒有察覺。

然後還要讓她知道，她之所以無法承受，是因為沒有找到自我調節的好方法。因此，回饋自己非常重要。如果連自己都調節不良了，要怎麼做個好父母、好員工？

培理醫生：這點真的很重要。經常有人請我們去幫助受到不當對待或創傷的兒童、青少年，或是在發生創傷事件之後，去為社群做諮商。當我告訴他們，大人其實也需要一起接受治療時，他們往往很困惑。不過，倘若負責這些孩子生活、教育、治療的成年人自己都調節不良，又怎麼可能以富有同情心、調節良好的方式全心陪伴？對那些孩子而言，全心陪伴的時刻，才真正具有調節、獎賞、治療的效果。倘若我們只幫助孩子，卻忽視成人的需求，那麼，我們的工作成效將會非常有限。任何創傷知情方法最重要的原則就是這個：必須幫助在前線服務兒童與青少年的成人。

一些體制很難接受這種轉移重心的作法。例如說，在兒童精神健康體制中，「病患」是兒童。如果有臨床工作人員想要投注時間幫助孩子的教師、教練，甚至父母，體制的財務模式通常不會支薪。這種作法很短視。我們知道，調節良好的成人，能夠幫助調節不良的兒童得到調節。精疲力盡、沮喪灰心、調節不良的成人，不可能幫助任何人調節。

正如妳所指出的，倘若不回饋自己，就不可能有好的成效，無論是教師、領袖、上司、家長、教練，任何工作都一樣。照顧自己非常重要。很可惜，許多人在對自己好的時候會感到內疚；他們將照顧自己視為自私的行為。這不是自私——而是不可或缺。別忘記，無論是父母、教師、教練、心理醫生，當你幫助別人時，最重要的工具就是——**你自己**。人際關係是改變的基石。

歐普拉：我們必須照顧自己，這樣才能有動力。當想到有這麼多人都帶著過去的創傷或負面經驗在生活，更會覺得這很重要。要是沒有過去的創傷，我也不會成為現在的我。於是我擁抱創傷、接受創傷。我相信藉由這種作法，我找到了利用創傷幫助別人的方法。同理、同情、寬恕。這些全都是實踐的一部分，不斷推動我向前，無論我做出了什麼決定、經歷過什麼遭遇。

培理醫生：是的，這裡又回到之前討論的「創傷後智慧」。當妳經歷過負面經驗，到了人生中的一個點，妳可以回顧、思考、學習，並且從那樣的經驗中成長。我相信，除非對負面經驗有一點體會，否則很難瞭解人類。負面經驗、考驗、失望、失敗、創傷——這些全都有助於讓我們得到更廣大的同理心，變得更有智慧。創傷與負面經驗可以說是禮物。而處理這份禮物的方法，每個人各自不同。

歐普拉：聽你這麼說真的很有意思。小時候，我好希望能有像影集《天才小麻煩》（*Leave it to Beaver*）裡那樣的生活。那是我理想中的家庭——家裡隨時有牛奶和餅乾，爸爸媽媽在一起，所有一切。不過，假使我什麼都不缺，想要什麼立刻就能得到，那麼，我就無法成為我致力想要成為的進化人類。我至今依然在努力。

培理醫生：我有同感。不過，得到智慧的代價確實很高昂。對許多人而言，痛苦永遠不會消失。有智慧的人學到如何優雅地背負重擔，而且往往還能保護其他人不受他們的強烈痛苦所影響。

歐普拉：這讓我想到安東尼．雷．辛頓，那個因為一樁不是他犯下的殺人案，在死囚牢待了三十年的人。服刑的前三年，他完全不說話。他非常憂鬱、淒涼，他覺得上帝取走了他的聲音。解離能力讓他得以存活。他轉向想像力，給自己各種體驗。他參加溫布頓網球公開賽，得到五次冠軍。他打美國職籃，晉見英國女王，還娶了美豔女星荷莉．貝瑞（Halle Berry）——這些全都發生在他的腦中。

培理醫生：囚禁造成無法控制、無法逃離的痛苦，他用解離超能力保護自己。

歐普拉：然後，他還找到辦法用這種能力幫助別人——也就是你所說的智慧與優雅。開始和其他死囚產生連結之後，他說服典獄長讓他們舉行讀書會。他認為，就算牢友不會像他一樣在腦中遊歷世界，但書本能夠幫他們做到。他希望他們能開啟一條療癒的道路，就像他當初那樣。

你知道，我做過那麼多訪談，但我總會回想起許多年前訪問依洋拉・凡讚特的那集節目。她說，除非治好過去的傷，否則就會一直流血。淌出的血會滲透並汙染你的人生，可能是酗酒、吸毒、濫交、過勞。你必須鼓起勇氣揭開傷口，開始治療自己。

我希望所有人都能從那次的訪談中學會這一課。我們必須瞭解並治療過去的傷，然後才能邁步前進。

培理醫生：我忍不住想到，不只是個人，社會也一樣。要是我們的社會無法面對歷史的集體創傷，又怎麼能夠前進到更有人性、社會更公義、更有創造力與生產力的未來？無論是遭受創傷的人，或是引起創傷的人都是。如果我們真正想要理解自己，就必須理解我們的歷史——我們真正的歷史。因為過去的情緒殘留物會一直跟著我們。

歐普拉：不過，除非到了不得不覺察的關鍵點，否則不會發生。我們要覺察自己身為人類的作為、身為人的真正條件是什麼，以及創傷會對我們產生怎樣的影響。這時，我們才會領悟到必須有所改變。

培理醫生：核心要素是情感連結與覺察。這兩項要素可以創造出創傷知情的社群。

歐普拉：我認為現在的世界真的更需要。當我們能夠真正看見另一個人，才會有真實的同情；以同情的心推己及人，就能改變人際關係的本質、我們的環境，以及我們的世界。人與人之間的認同是我們的紐帶。關心「你發生過什麼事？」能夠擴張人與人的連結。

培理醫生：我們的社會有很多問題，讓人很容易感到灰心喪志、無法負荷，不公、逆境、創傷在我們的世界瀰漫得太廣泛，難免會因此感到喪氣。不過，只要研究歷史就能看出，人類整體前進的路徑一直是正向的。我們的世界上有許許多多善良、能幹、創意十足的人。我們是好奇的物種。我們會繼續發現、發明、學習。我們可以讓世界變成對所有人而言都更安全、更公正、更有人性的地方。

—後記—

那個年輕人站在泳池水深及腰處，帶一群長輩做水中有氧運動。他的藍色T恤上印著銀髮社區的商標，脖子上掛著哨子，還有一個大大的名牌。雖然我看不見上面的字，但我知道他的名字：傑西，第三章的那位年輕人。上一次見面到現在已經過了十年，當時他躺在病床上昏迷不醒。

我透過玻璃，看著傑西熱忱地帶著八位安養院的老人慢慢做完整套運動。他滿臉笑容地一一矯正他們的姿勢，溫柔地幫助一位老婦人調整肩膀。看得出來他們很喜歡他，他也很喜歡他們。他很開心，他們也很開心。他屬於這裡。

當年我去為傑西做評估的時候，是受託於位在另一個州的治療團隊。第一次見面諮詢時，傑西還昏迷不醒，後來我持續遠端追蹤他的進展，並且為治療團隊提供意見。過了一個月左右，傑西「醒來」。一開始，他有許多腦部受傷的徵兆，但慢慢地，他的功能完全恢復，除了一些長期記憶缺損，尤其是「敘事」記憶。昏迷之前的人生「自傳式」記憶只剩下零散片段。當我們問他人物、地點、事件時，他完全不記得。神經科團隊認為應該是他腦部受傷所導致。但我不太確定，因為我看過太多創傷後失憶的案例。我建議他們暫時不要管記憶的問題，先努力讓他找回行走、講話、移動、社交的能力。我們可以追蹤他的記憶，把重點放在短期記憶技巧上。最重要的是，我們要幫他找個合適的地方，讓他有生以來第一次能得到安全、穩定、滋養的環境。

一開始，因為傑西的復健計畫，所以需要特殊需求安置。團隊中的社工建議將他安置在當地的養老社區——他比我聰明多了。那裡的生活環境配合各階段的需求，從獨立公寓到「宿舍式」的單人房，也有傳統式的高需求復健設施病房。作為福利，公司安排資深員工住在社區內，而那位社工的伴侶正是其中之一。他們兩個一起住在養老機構「園區」，他們願意「寄養」傑西。那是一個真正的社區——有許多建築物、花園，運動館裡有游泳池與建身房，有圖書館、美髮沙龍、幾間餐廳、一間咖啡店。這樣的安置地點簡直天才。

傑西住進去，社區的員工與住戶立刻接納他。雖然一開始他必須「在家自學」，但不到一年，他已經可以走路去附近的公立學校。他在課業上沒有困難，在家中和學校也沒有出現行為問題。不過，儘管他交了幾個朋友，但是與同儕相處時他總是覺得不自在，關係也不緊密——所有人都喜歡他，但沒有人把他當摯友。和他關係最好的人，是寄養父母與社區裡的長輩。他開始在社區工作，擔任交通助手，幫助老人在社區內移動，安排他們在社區內的不同預約行程。他學會開車。十八歲時，他獲准住進社區內的獨立公寓，就在寄養父母的隔壁。他高中畢業了。現在他二十三歲了，雖然依法是獨立的成年人，但他依然與寄養父母關係密切，也被視為家人。他在社區大學修課，主要是體育相關課程，他希望以後能成為物理治療師。在養老社區中，他晉升成為休閒活動部門的副部長，福利包括在園區內的住房與三餐。他找到了安全、穩定、滋養的家園。社區裡千千萬萬個隨機的治療時刻幫助他康復。

我不時會從同事那裡聽到他最新的消息。我依然很想知道傑西的記憶是否恢復了。他的童年非常恐怖——遭受多種形式的虐待以及關係背叛、忽視、難以言喻的不堪。然而，他的頭部傷勢復原良好，他沒有衝動、侵略、恍神、仇恨的問題。雖然特定的刺激信號，會引起他身體上的反應，但他沒有創傷後壓力症候群，也沒有其他顯而易見的創傷相關症狀。他的情緒與行為功能正常，因此，身邊的大人和他自己都沒有尋求精神健康協助。

傑西的神經科醫師安德森醫生，多年來一直治療他。因為我事前知道要去那一帶，因此，我向他詢問傑西的近況。安德森醫生建議我親眼去看看，並且問傑西是否願意和我一起吃午餐。

見面時，我說：「傑西，你應該沒有印象，不過當年你腦部受傷的時候，我也是安德森醫生的治療團隊成員。謝謝你願意見我。」

他微笑伸出一隻手。「謝謝你在那時候幫助我。」

我們前往自助式餐廳，排隊選菜，然後坐下談話。閒聊一些小事。他問我德州的生活，我問他學校的狀況。我們就這樣一來一往聊了很久，最後他客氣詢問：「你來這裡是為了分析我？」

我開個玩笑：「不是。我做分析要收錢的。」

他微笑。我們看著對方，在那默默產生連結的時刻，各自感受到全然的投入。

「不過，我很好奇你的記憶有沒有恢復。」

他的臉上緩緩流露悲傷。他凝視心中充滿痛苦回憶的地方。我讓餐廳裡的聲響沖刷過那一刻。

一位老婦人過來吻一下傑西的前額。「謝謝你送的花。」她說。「讓我開心了一整天。」

這個動作打破他的沉思，那個活潑愛笑的傑西回來了。「我就知道妳一定會喜歡。下午我們去花園多採一點。」

她離開後，傑西一臉難為情。不是因為他們的互動，而是因為之前流露悲傷。「你的腦部傷勢剛開始恢復的時候，安德森醫生說你對童年毫無記憶。」我主動說。

傑西聳肩。「我真的不願意去想那些事。」

「傑西，如果你不願意談，不用勉強。」

「沒關係。我只是不喜歡說那些事，我不希望害別人難過。」

「我明白。你大概知道，我治療過很多人，有兒童也有成人，他們的人生都發生過很可怕的遭遇。他們每個人都讓我更瞭解該如何幫助別人。因此，當你準備好的時候，我希望能從你身上學習。」我說話的同時，他端詳著我。「傑西，你的人生早期非常艱苦。但是，即使你經歷過那麼多痛苦，依然完成學業、有一份很好的工作，並和許多人維持良好關係，你似乎很快樂。我認為你可以教我們很多。」

「有時候我還是會有失眠問題。」

我點頭。

「不過，我睡不著就會起床運動，去跑一跑。這真的很有幫助。人太多的時候我也會非常緊張。在外面太久會很想回家。」

「可是在這裡隨時都有很多人，傑西。」

「對，是這樣沒錯。不過，我真的很不喜歡和年輕人、小孩相處。他們太吵、太瘋狂。」

那一刻，我領悟到他的刺激信號很多來自於與兒童、童年相關的感官輸入。小孩的聲音、氣味、遊戲、卡通、食物，任何東西——他的童年充滿太多威脅，以致於他的大腦在努力理解世界的過程中，將那個充滿虐待的小世界中的一切，都與威脅產生聯想。不過，他的新人生，他「重新開機」之後從頭來過的人生，發生在一個全都是老人的世界裡。退休社區裡的所有感官經驗都不一樣，不是擠滿小孩的教室，也不是青少年收容之家。長輩動作的方式、動作的速度、語調、氣味、畫面、行程、偏好的音樂與電視節目——全都不一樣。人際互動也不一樣——比他童年經歷過的關係平等、平靜。這樣的安置方式比我想像中更天才。在這樣的環境中，會讓傑西調節不良的刺激信號大幅減少。在這裡，他可以有程度適中、可以預期、可以控制的經驗。在互動當中他更有控制力；他幫別人推輪椅；他們依賴他。隨著時間過去，他能夠建立全新的「安全熟悉」分類，作為他療癒的基礎。十年來，他過著這樣安穩的生活，千千萬萬次有療癒作用的正向互動，幫助他建立自己。

「那麼，失憶的問題……？」我問。

他望著我，笑容帶著一絲苦澀。「我差不多全想起來了。」

「是啊，我想也是。這些年來，我學到過去發生的事不會輕易消失。那些童年經驗會以很多方式影響你，也有很多方式可以幫助人們療癒。如果你的回憶讓你感到不舒服，或是有迷惑、難過的感受，一定要求助。有很多方法可以讓創傷變得比較容易背負。」我給他我的名片。

吃完午餐之後，一群老婦人拉著他離去，準備開始下一堂運動課程，溫和版的尊巴舞（Zumba）。他離開時看了看我的名片，轉身揮手，然後跳著舞離去。

我們每年見面兩次。傑西狀況良好。我們雙方都還在學習。

——**培理醫生**

二〇一八年十一月二十二日，我的母親，薇妮塔・李過世了。

直到最後一刻，我們之間的關係一直讓我有矛盾的感受。

說實話，我成功之後，母親才開始對我表現出一絲關心。我經常掙扎該如何照顧她。對於這個給我生命的人，我欠她什麼？聖經說：「當孝敬父母。」但，這句話到底是什麼意思？

我決定在財務上照顧她，作為孝敬的方式。我總是確保她過著舒適的生活，什麼也不缺，但我們之間沒有真正的情感連結。我甚至敢說，在電視機前面看節目的觀眾比我母親更瞭解我。

幾年前，她的健康惡化，我知道我必須做好準備，她隨時可能離開人世。就在感恩節前幾天，我妹妹派翠西亞打電話給我，說她認為就快了。我飛去密爾瓦基。

我陪母親坐了好幾個小時，她喜歡將室溫維持在攝氏二十六度左右。我們看電視，史帝夫．哈維（Steve Harvey）的遊戲節目與肥皂劇《只此一生》（*One Life to Live*），重播又重播。我努力找話講。我甚至研究起醫院照護人員留下的手冊。我閱讀他們的建議——心中不停想著真是可悲，我，堂堂的歐普拉．溫芙蕾，面對面訪問過幾萬人，竟然得看照護手冊找話跟我母親聊。

終於到了告別的時間，我有種預感，這會是我最後一次見到她。然而，當我轉身準備離開，依然不知道該說什麼。我只能含糊說句：「再見……我會再來看妳。」真的很諷刺，我之所以離開，是為了要去演講。

那天晚上，在回家的飛機上，我腦中突然有個小小的聲音對我低語：「妳一定會後悔。妳沒有把事情做完。」我知道是真的。那一刻，我覺得自己很虛偽；如果換做是其他人，我一定會說：「妳要回去把該說的話說清楚。」

我掉頭飛回密爾瓦基。

我在那個悶熱的病房又待了一天，依然不知道該說什麼。

那天晚上，我祈求上帝幫忙。天亮之後，我靜心冥想。我準備出門，拿起手機，發現正在播放的歌曲是瑪哈莉雅・傑克森（Mahalia Jackson）所唱的〈珍貴的主啊〉（Precious Lord）。如果真有所謂的天啟，這絕對就是。我不知道瑪哈莉雅・傑克森怎麼會出現在我的歌單上。我聆聽歌詞——「珍貴的主啊，牽我的手。領我前進，扶我站立，我是如此疲憊、如此軟弱、如此狼狽。領我走過那道光。牽我的手——」突然，我知道該怎麼做了。

我走進母親的病房，問她想不想聽那首歌。她點頭。我忽然想到一個好主意：我打電話給我的朋友溫特利・菲普斯（Wintley Phipps），他是牧師兼福音歌手，我請他為我瀕死的母親唱〈珍貴的主啊〉。透過FaceTime，他坐在早餐桌前清唱這首歌，然後為我的家人祈禱，祝福我們「沒有恐懼，只有平靜」。

我看得出來我母親很感動。那首歌加上祈禱打開了一扇窗——對我們兩個都是。

我開始和她說話，聊她的人生、她的夢想，還有我。

終於，我知道該說什麼了。

我說：「妳一定很辛苦吧。沒有受過教育，沒有任何技能，不知道未來會怎樣，卻有了孩子。我相信應該有很多人叫妳處理掉。」

她點頭。

「但是妳沒有那麼做。」我說。「我想謝謝妳留下那個孩子。」我停頓一下。「我知道很多時候，妳不知道該怎麼辦。妳只能在能力所及的範圍中盡力——我不介意。我不介意。所以妳可以安心走了，妳知道一切都很好。我的靈魂很好。已經很好很長一段時間了。」

那是神聖、美好的一刻，是我人生中最引以為榮的一刻。長大成人之後，我學會以不同的角度看待母親——不是那個沒有照顧我、保護我、愛我，對我一無所知的母親；而是一個少女，自己還只是個孩子，害怕又孤單，完全沒有能力成為慈愛的母親。

很多年前，我就原諒母親無法成為我需要的那種母親了，但她並不知道。在我們相處的最後一點時間，我相信我終於讓她擺脫了過去的羞恥與內疚。

我回來，把該做的事做完。

原諒，就是不要再希望過去能有任何不同。但是，倘若我們繼續緊抓著過去的痛苦，那就無法往前走。我們這些曾經受過傷害、背負創傷疤痕的人，全都有機會將那些經驗，變成我和培理醫生之前談過的創傷後智慧。

原諒自己、原諒他們。走出你的過去，走上未來的道路。

我的朋友，詩人馬克・內普（Mark Nepo）曾經說過，為了知道真實，痛苦無法避免。不過，即使要讓真實永存，也不必讓痛苦永存。

當我不再將母親與我夢想中的母親做比較，不再糾結於從前應該要怎樣、說不定會怎樣，而是將注意力放在真實發生過的事、真實存在的可能，我就與她和解了。

因為我確信，發生在你身上的每件事，都可以為你帶來助益。所有時間、所有時刻，你都在培養堅強。
堅強乘以堅強乘以堅強，等於力量。
曾經發生在你身上的事，能夠成為你的力量。

——歐普拉

參考資料

我們希望這本書能夠帶領你去思考，你是如何理解自己與他人，也希望成功引起你的興趣。創傷相關主題的範圍很廣，成長期負面經驗的潛在影響廣泛又深刻。本書的篇幅有限，我們不可能涵蓋所有主題；因此，如果你希望進一步瞭解，可以從下面這些書籍開始。

相關書籍：

《遍體鱗傷長大的孩子，會自己恢復正常嗎？：兒童精神科醫師與那些絕望、受傷童年的真實面對面；關係為何不可或缺，又何以讓人奄奄一息！》
（*The Boy Who Was Raised as a Dog: And Other Stories from a Child Psychiatrist's Notebook*）

作者：布魯斯・D・培理，瑪亞・薩拉維茲

這本書最早於二〇〇六年出版，二〇一七年重新修訂、補充，書中記錄了培理醫生治療受到忽視、創傷、成長期負面經驗影響的兒童與青少年。很適合作為本書的延伸閱讀，書中討論過的概念，在《遍體鱗傷長大的孩子，會自己恢復正常嗎？》中提供了更深入的探討。

《心靈的傷，身體會記住》

（*The Body Keeps the Score: Brain, Mind, and Body in the Healing of Trauma*）

作者：貝塞爾・范德寇醫生（Bessel van der Kolk, M.D.）

范德寇醫生是創傷領域的先鋒。這本經典著作於二〇一四年出版，描述他的研究發展過程、臨床治療方法，以及思考創傷對於大腦、心靈、身體造成的複雜影響。

《*Born for Love: Why Empathy Is Essential — and Endangered*》

作者：瑪亞・薩拉維茲，布魯斯・D・培理

二〇一〇年出版，這本書以故事與案例說明同理心——與愛——在發展與健康中扮演了重要角色。作者強調必須察覺現代世界社會連結的變化，並且探討許多本書當中所討論過與「情感連結」有關的主題。

《當我們一起：疏離時代，愛與連結是弭平傷痕、終結孤獨的最強大復原力量》

（*Together: The Healing Power of Human Connection in a Sometimes Lonely World*）

作者：維偉克・莫西醫生（Vivek H. Murthy, M.D.）

這本書於二〇二〇年出版，維偉克・莫西醫生是歐巴馬與拜登政府的衛生部長，書中探討人際連結的重要性，以及寂寞對我們生理與情緒上的影響。書中的許多內容類似本書以及《*Born for Love*》，不過他以醫界領袖的角度提供了獨特、重要的見解。

《深井效應：治療童年逆境傷害的長期影響》

（*The Deepest Well: Healing the Long-Term Effects of Childhood Adversity*）

作者：娜汀・哈里斯醫生（Nadine Burke Harris, M.D.）

這本書於二〇一八年出版，作者是加州的第一位衛生局長，書中描述她如何得知一九九八年進行的童年負面經驗研究，以及這些研究資料當中，兒童創傷與生理健康風險的相關性。更重要的是，她倡議改變醫療體系，以幫助辨識、預防、處理童年負面經驗對健康的影響。

如果你想進一步瞭解：

大腦與神經科學：

BrainFacts.org：對大腦有興趣的人，可以在這裡找到最可靠、正確、易懂的資源。這是一個公眾資訊入門網站，由神經醫學會、卡夫里基金會（Kavli Foundation）、蓋茲比慈善基金會（Gatsby Charitable Foundation）共同合作推出。網站上有各種適合教師、學生與專業人員的教材，非常適合作為深入瞭解大腦的起點。

預防虐待並支持受虐家庭：

美國預防兒童虐待協會（Preventchildabuse.org）：這是美國歷史最悠久、組織最大的預防兒童虐待機構。這個網站提供許多創新、支持計畫，幫助家庭預防並減少虐待與忽視。

童年負面經驗：

疾管中心下的暴力預防處童年負面經驗組（https://www.cdc.gov/violenceprevention/aces/index.html）：這個網站有許多童年負面經驗相關的珍貴教育資源、研究論文、政策影響。要取得童年負面經驗相關的準確資料，這是最可靠的來源。

神經序列模式與培理醫生的研究工作：

神經序列網路（Neurosequential.com）：這個網站介紹神經序列網路（橫跨二十八個國家、十幾個科別的施行團體）的研究、臨床計畫與其他教育活動。

請造訪WhatHappenedtoYouBook.com網站，取得本書相關的所有參考資料出版品完整資訊，以及更多創傷、復原力與療癒相關的資源。

What Happened to You? Conversations on Trauma, Resilience, and Healing

你發生過什麼事

創傷如何影響大腦與行為，以及我們能如何療癒自己

作　　者　布魯斯・D・培理
　　　　　Bruce D. Perry, M.D., Ph.D.
　　　　　歐普拉・溫芙蕾 Oprah Winfrey
譯　　者　康學慧 Lucia Kang
發 行 人　林隆奮 Frank Lin
社　　長　蘇國林 Green Su

出版團隊

總 編 輯　葉怡慧 Carol Yeh
主　　編　鄭世佳 Josephine Cheng
企劃編輯　許芳菁 Carolyn Hsu
　　　　　黃莀着 Bess Huang
責任行銷　朱韻淑 Vina Ju
封面裝幀　莊謹銘
內頁排版　黃靖芳 Jing Huang

行銷統籌
業務處長　吳宗庭 Tim Wu
業務專員　鍾依娟 Irina Chung
　　　　　李沛容 Roxy Lee
業務祕書　陳曉琪 Angel Chen・莊皓雯 Gia Chuang

發行公司　精誠資訊股份有限公司
　　　　　悅知文化　105 台北市松山區
　　　　　復興北路 99 號 12 樓

訂購專線　(02) 2719-8811
訂購傳真　(02) 2719-7980
專屬網址　http : //www.delightpress.com.tw
悅知客服　cs@delightpress.com.tw

ISBN : 4711510762178
建議售價　新台幣４８０元
首版一刷　２０２２年03月
首版二十刷　２０２４年07月

國家圖書館出版品預行編目資料

你發生過什麼事 / 布魯斯.D.培理(Bruce D. Perry, M.D., Ph.D.),歐普拉.溫芙蕾(Oprah Winfrey)著；康學慧譯. -- 初版. -- 臺北市：精誠資訊, 2022.03
　面；　公分
譯自：What Happened to You? Conversations on Trauma, Resilience, and Healing
ISBN 4711510762178 (平裝)
1.CST: 創傷後症候群 2.CST: 心理創傷 3.CST: 心理治療

178.8　　　　110021921

建議分類｜心理勵志